# 税理士を悩ませる

# 相続・贈与の土地評価Q&A

## 第2集

不動産鑑定士
鎌倉靖二［著］

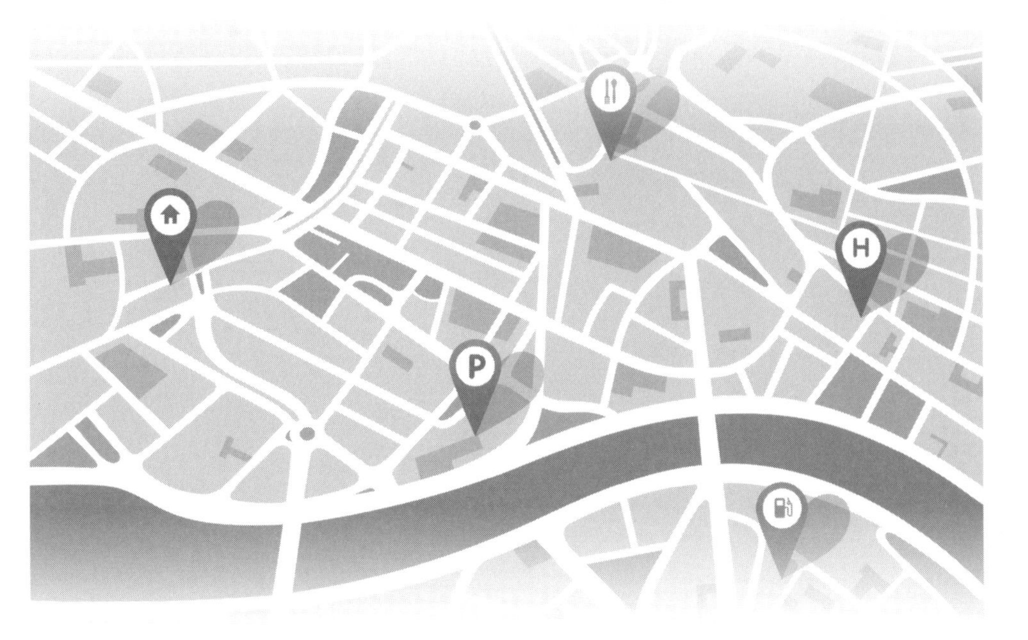


ぎょうせい

# はじめに

本書は令和4年8月30日に発刊された「税理士を悩ませる相続・贈与の土地評価Q＆A 100選」の続編となります。前著は非常に多くの読者の方から予想以上の反響を頂きました。相続・贈与の土地評価に携わる実務家の税理士・会計士の先生方、事務所職員の方がいかに生の事例をお知りになりたいかを改めて実感しました。今回の続編も毎日私の元に寄せられる質問、疑問をベースに編集したものです。

本書の回答は前著と同様に財産評価基本通達、国税庁HP質疑応答事例、過去の判例、国税不服審判所の裁決例、市販の専門書の解説等を踏まえ、そこに不動産の時価の専門家・不動産鑑定士としての視点をプラスしたものになります。そして、いわゆるグレーゾーンに切り込んだ回答も多く掲載しています。グレーゾーンに対しては、通達の「解釈」や重箱の隅をつつくような議論ではなく、時価の観点から俯瞰し不動産の価値はどのようにして決まるのかを意識して解決策をお示しするようにしています。グレーゾーンは評価額算出までのアプローチが数通り考えられます。したがいまして、本書の回答も解決策・方向性のひとつとして捉えて頂き、腑に落ちる、納得いく、というものを実務に取り入れて頂ければ幸いです。ぜひ「税理士を悩ませる相続・贈与の土地評価Q＆A 100選」と併せてご活用頂ければと思います。

最後に前著と同様に本書の発行にあたって大変お世話になりました株式会社ぎょうせいの皆さまに心より感謝申し上げ、本書のまえがきとさせて頂きます。

令和5年10月

不動産鑑定士　**鎌倉靖二**

## Contents

# 1 税理士を悩ませる「評価単位、地目判定」

## 1-1 共同住宅と敷地内駐車場の評価単位

**Q** 図のようにアパート敷地内に18台の駐車場があります。入居者専用でないので、自用地評価することになると思いますが、3か所に分かれているので評価単位をどうすればよいかわかりません。駐車場は3評価単位となるのでしょうか？ 車路、植栽、入居者の通路などは建物敷地に入れてよいのでしょうか？

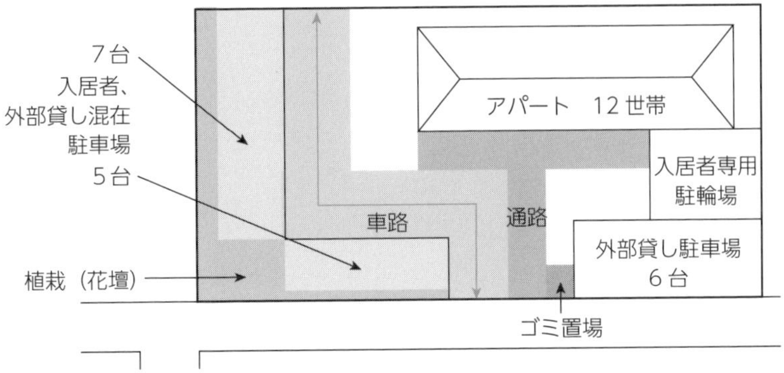

**A** ご質問のように共同住宅の駐車場が入居者専用でない場合は、駐車場区画部分は自用地として評価せざるを得ません。

利用状況としては、建物と駐車場が一体となっていますので、建物と駐車場をまとめて1つの評価単位とし、評価明細書の2表の貸家建付地の欄の賃貸割合で調整するのがよいと考えます。

本来、賃貸割合の欄は建物の床面積を入力しますが、今回のようなケースでは土地面積を入力します。具体的には、「(建物敷地部分面積×建物の賃貸割合)/土地全体の面積」となります。建物の賃貸割合が100%であれば、「建物敷地部分面積/土地全体の面積」となります。

このように計算すれば駐車場部分は自用地として評価したことになります。駐車場部分の面積は車両をとめているスペースだけカウントすればOKです。一般的には駐車場1区画は幅2.3m～3m×奥行4m～5mです。

また、通路の中で明らかに車両しか通行していない部分などがあれば駐車場面積として加算すべきと考えますが、グレーゾーンなので現地の利用状況を確認して個別に判断するのがよいでしょう。

さらに、駐車場面積を除いた地積が建ぺい率をクリアするかもチェックし微調整できればベターでしょう。

## 1-2　2筆にまたがった宅地と山林の評価単位

**Q**　評価対象地は宅地300㎡と市街地山林600㎡です。10番1をAが取得し、10番2をBが取得する予定です。評価単位はどうなりますか？

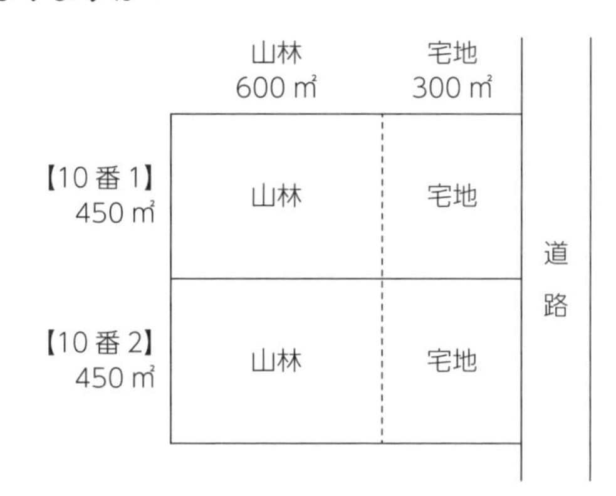


**A**　結論からいいますと、評価単位はまず取得者ごとに分け、次に地目で分けます。よってご相談の土地の場合は、Aが取得する10番1は宅地、山林の2評価単位、Bが取得する10番2も同様に宅地、山林の2評価単位、合計4評価単位となります。

宅地と山林の2単位で評価した後に取得者ごとに面積按分するということではありませんのでご注意ください。

なお、根拠は以下の判決（静岡地方裁判所平成23年1月28日）です。参考にしてください。

評価基本通達は、このように地目別に評価単位を定めて評価することとしているが、その前提としては、各所有者ごとに対象土地は別個のものとして区分されているものと解するのが相当であり、異なる所有者の土地であるにもかかわらず、これらを同一の地目であると認定し、かつ、評価単位としても同一であると認めることは、例外的なものというべきである。相続税法は、相続等により財産を取得した個人について、その者が相続等により取得した財産の全部に対し相続税を課するとしているように（同法2条1項）、原則として、各相続人が相続等によって現実に取得した財産を対象として、各人ごとに課税する遺産取得税方式を採用しており、遺産分割がされた場合には、各相続人が遺産分割によって現実に取得した財産ごとに評価を行うべきものと解される。

## 1-3　自宅敷地と家庭菜園の評価単位

**Q**　自宅敷地（514㎡）と一部が家庭菜園の土地（512㎡）が隣接しています。今は自家消費用の野菜を一部で栽培している程度ですが、農業をやめる以前は全体が畑でした。

自宅敷地と一部家庭菜園の土地の間にはフェンスや高低差などがないので、一体評価してもよいでしょうか？

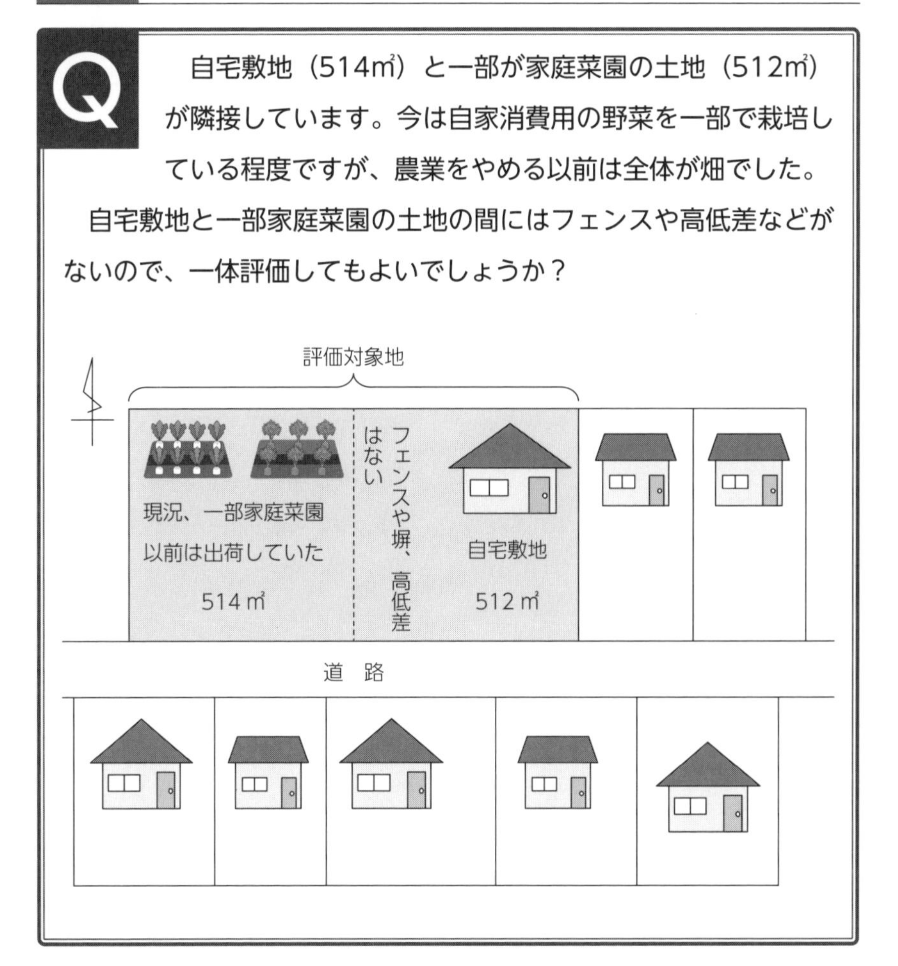


**A**　結論からいいますと、ご相談のケースでは自宅敷地と一部が家庭菜園の土地は一体評価すべきではないと考えます。

一体評価する場合は、以下などの状態である場合と考えます。

・家庭菜園部分が庭の一部で、小規模である。
・評価単位を分けると自宅敷地か家庭菜園のどちらかが直接道路に接しないことになる。
・自宅敷地と家庭菜園の間に高低差、塀などがない。物理的に分断されていない。
・作物は自家消費用であり出荷していない。

ご相談のケースでは、土地の規模からすれば、それぞれ地目は宅地と畑（市街地農地）と判定されます。そして地目ごとに評価単位を分けるのが原則です。

宅地と雑種地はアパート敷地と入居者専用の駐車場のように、一体利用が明らかであれば、まとめて評価する場合もあります。

しかし、ご相談のケースは宅地と畑であり、地目ごとに分けたときに、一方が無道路地や狭小地などになりません。また、畑単独で周辺地域の標準的な地積以上の地積（周辺宅地の2倍程度）があります。そして、一部家庭菜園の土地はもともと畑として単独で利用されていた土地であり、建物敷地（主）と庭の一部の家庭菜園（従）という関係ではありません。

したがいまして、別の評価単位にすべきと考えます。

なお、ご相談のケースでは一部が家庭菜園の土地の方は市街地農地としての評価となりますので、各種画地調整率、地積規模の大きな宅地の評価、宅地造成費等適切な減価要因を織り込んで漏れのないように評価してください。

## 1-4　通路を一体評価すべきか

**Q**

評価対象地は図のように月極駐車場（雑種地）と自宅敷地（宅地）に利用区分が分かれている１筆の土地です。

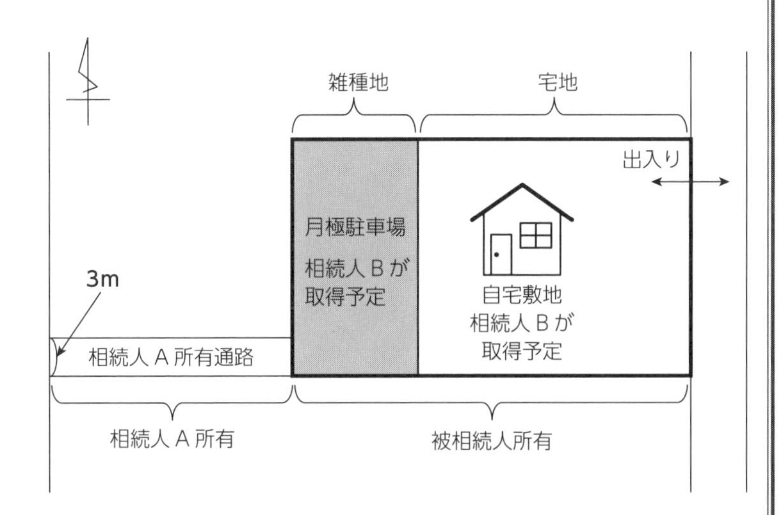


月極駐車場は相続人Ａが所有する通路から出入りしています。自宅敷地は東側で接している道路から出入りしています。

評価対象地である月極駐車場と自宅敷地は相続人Ｂが取得予定です。

このような場合、月極駐車場と自宅敷地は別々の評価単位となると理解していますが、月極駐車場部分は相続人Ａ所有の通路と一体で評価し面積按分するのでしょうか？ それとも月極駐車場部分単独で評価するのでしょうか？ 単独で評価する場合、間口距離は現況通路の幅３ｍか、接道義務を満たす２ｍか、どちらでしょうか？

**A** 結論からいいますと、月極駐車場部分は通路と一体ではなく単独で評価し、間口距離は2mでよいと考えます。次の図のように西側道路を正面路線として評価します。

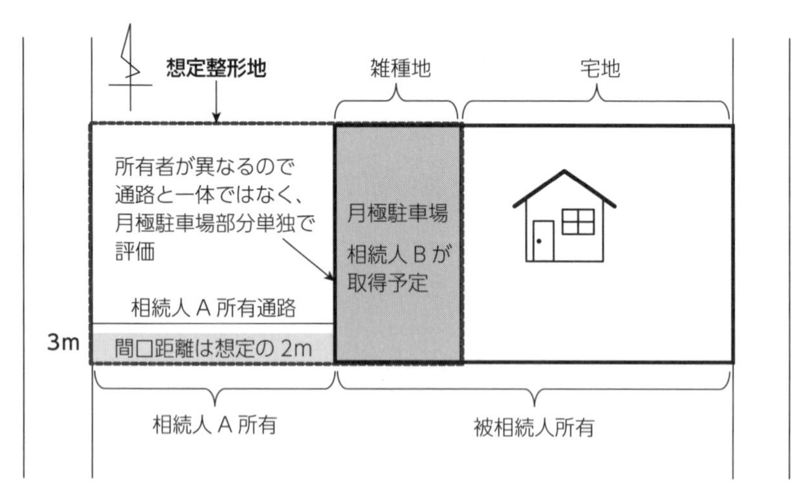


ただし、通路を所有している相続人Aが月極駐車場部分を分割して取得するのであれば、通路と一体で旗竿状の土地として評価し、面積按分すればよいでしょう。通路と一体評価の場合、間口距離は現況の3mとなります。

## 1-5 登記地目が農地の休耕地の評価

**Q** 評価対象地は登記地目が農地ですが、数年前から耕作されていません。雑種地か農地か、どちらで評価すべきでしょうか？何か判断の基準はありますか？

**A** 農地の判定については、国税庁HP質疑応答事例「土地の地目の判定－農地」をまずは確認してください。

国税庁HP質疑応答事例
土地の地目の判定－農地
https://www.nta.go.jp/law/shitsugi/hyoka/01/03.htm

【照会要旨】

登記簿の地目は農地（田又は畑）ですが、現況が次のような場合には地目はどのように判定するのでしょうか。

(1) 数年前から耕作しないで放置している土地
(2) 砂利を入れて青空駐車場として利用している土地

【回答要旨】

土地の地目は、登記簿上の地目によるのではなく課税時期の現況によって判定します。

ところで、農地とは耕作の目的に供される土地をいい（農地法2①)、耕作とは土地に労費を加え肥培管理を行って作物を栽培することをいいます。また、耕作の目的に供される土地とは、現に耕作されている土地のほか、現在は耕作されていなくても耕作しようとすればいつでも耕作できるような、すなわち、客観的に見てその現状が耕作の目的に供されるものと認められる土地（休耕地、不耕作地）も含むものとされています（平成12年6月1日12構改B第

404号農林水産事務次官依命通知)。

したがって、(1)の耕作していない土地が上記のような状態に該当すれば農地と判定しますが、長期間放置されていたため、雑草等が生育し、容易に農地に復元し得ないような状況にある場合には原野又は雑種地と判定することになります。また、(2)の土地のように駐車場の用に供している土地は、雑種地と判定することになります。

しかし、上記だけでは、どのような状態が「耕作しようとすればいつでも耕作できる」のかがよくわかりません。

したがって、実際にこの土地が売買市場に出された場合、農地として取引される土地なのか、宅地化が可能な雑種地として取引される土地なのか、を地表の状態だけでなく他の情報も併せて総合的に判断するのがよいと考えます。つまり「時価」の観点を加味するということです。

具体的には、以下を調査し、どう評価するかを総合的に判断するのがよいと考えます。

- 農地転用許可の有無
- 農業振興地域の農用地区域か否か
- 市街化調整区域内の条例指定区域か、建築可能な土地か
- 農業委員会の農地台帳に農地としての登録があるか
- 非農地証明が発行される要件を満たすか
- 売買の際、買主は適格証明なしで取引可能か

外観のみに頼った判断ではなく、実質的に農地と認識できるのかも併せて判断するとよいでしょう。

## 1-6　1棟の建物内で用途が異なる場合の評価単位

**Q**　評価対象地は1棟の建物敷地ですが、建物の東側と西側に縦割りで雑貨屋（店舗）とアパート（住居）として賃貸されています。敷地内には住居部分専用の通路もあります。

このような場合、評価単位は店舗部分と住居部分に分けるのでしょうか？

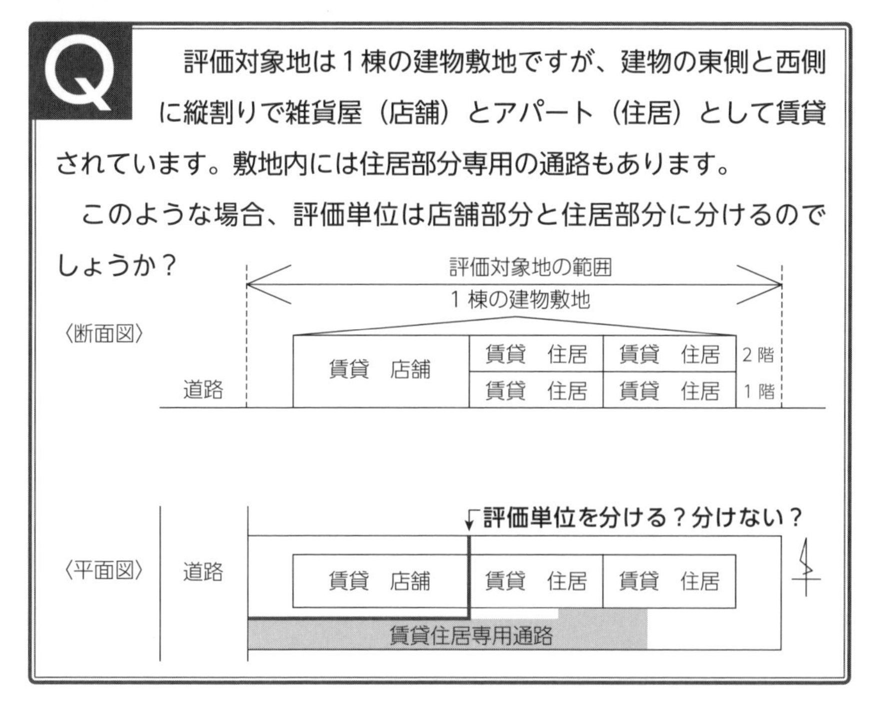


**A**　1棟の建物内での賃貸であれば、住居でも店舗でも賃貸であることにはかわりませんので、評価単位は分けません。「利用単位」というのは「用途単位」ではなく、建物敷地ごと、つまり1棟の建物敷地をひとつの利用単位と考えますので、この場合も建物が1棟であれば1評価単位となります。課税時期に店舗、住居にかかわらず満室稼働の状態であれば、賃貸割合100%の貸家建付地となります。なお、例えば賃貸店舗の部分が自用住居（自宅）であれば、評価単位は同様に1とし、貸家建付地評価においては自用と賃貸を床面積の賃貸割合で計算することになります。

## 1-7　区切って利用されている共有地の評価単位

**Q**　評価対象地は１筆の1,050㎡の土地で、A、B、Cの共有です。持ち分の３分の１に相当する350㎡に区切って、それぞれが戸建住宅の敷地として単独で利用しています。Aさんに相続が発生したのですが、Aさんが専用使用している350㎡部分を単独所有とみなして評価するのか、それとも１筆の土地全体を評価したうえでAさんの持分３分の１で按分して計算するのか、どちらでしょうか？

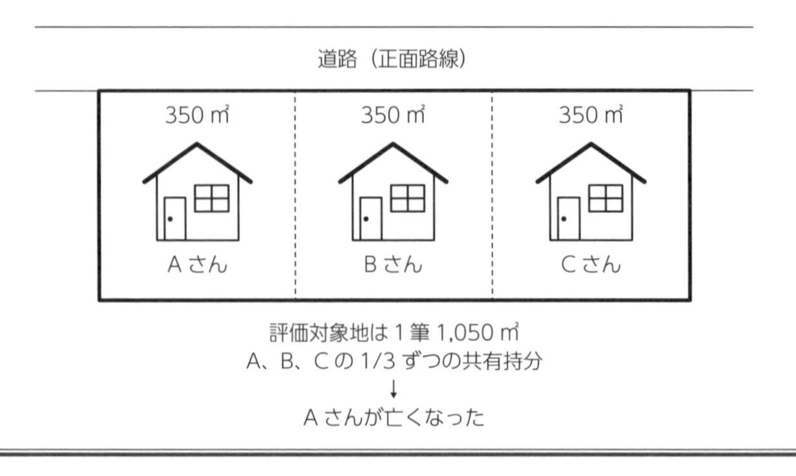


**A**　結論からいいますと、「1筆の土地全体を評価したうえで被相続人Aさんの持分相当で按分して計算する」というのが正しい評価方針です。

ご質問のような共有地は全体に所有権が及んでいますので、もし売却するとなったらAさんは単独で共有地の一部を売却することはできません。

また、「共有物分割→分筆→登記」という流れで話がまとまっていて、その実現可能性が高いようであれば実際の使用部分だけを評価単位とすることも考えられます。

しかし、そのような手続きがなされていないのであれば、原則通り全体を評価して持分で按分計算します。

また、評価にあたっては、地積規模の大きな宅地の評価が適用できるかもしれません。面積要件は満たしていますので他の要件もチェックして検討してください。その他減価も全体地の評価を前提として十分ご検討ください。なお、建築確認は一敷地一建築物の原則（建築基準法施行令第１条第１号）がありますので、建物の敷地（350㎡）ごとに区切って申請かつ受理されます。

## 1-8 用悪水路の評価

**Q** 評価対象地に、固定資産税評価額がゼロの「用悪水路」があります。一部にコンクリートのふたがありますが実際に水が流れています。市街化区域内の路線価地域で住宅が密集しているエリアにあります。地目、評価単位などの評価方針はどのように考えたらよいのでしょうか？

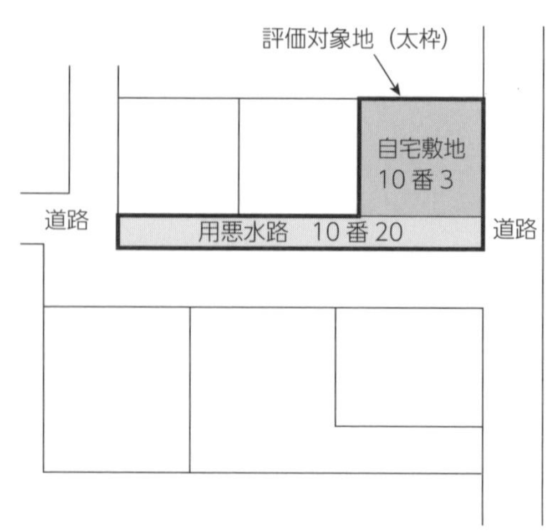

**A** 市街地にあって下水道が整備されている地域であれば、10番20の用悪水路はおそらく雨水だけが流れている水路だと思われます。排水というのは汚水、雑排水、雨水ですが、雨水だけであれば下水施設の一部ということになります。下水道処理区域かどうかは下水道を管轄する役所の担当部局で調査できます。下水道管の敷設状況は図面がありますので写しの入手も可能です。

評価にあたっては、実際その用悪水路を誰が利用しているか、つまりどの宅地からの排水がその水路に流れているか、で判断するのが合理的だと思います。

10番3所有者による単独利用であれば自用地として通常の雑種地に準じた評価、特定の複数の宅地が利用しているのであれば私道の評価に準じて自用地価額の3割で評価、とするのが妥当と考えます。

単独利用の場合は、宅地化は独断で可能ですので、雑種地として宅地比準方式での評価（土盛費を計上）でよいと思います。

特定の複数の宅地が利用している場合は、やや公共性を帯びていますので単独所有地であるとはいえ独断での宅地化は難しいと思います。よって水路としての機能は当面維持されると思いますので、私道評価と同様に扱うのがよいと思います。

なお、ご相談のケースは用悪水路の形状と10番3との位置関係から判断して、評価単位は単独で、つまり建物敷地とは別単位で評価するのが妥当と考えます。

拙著「税理士を悩ませる相続・贈与の土地評価Q＆A 100選」のP.102［6-4］「固定資産税評価額がゼロの土地の評価」でも解説しておりますので、併せてご確認頂ければ幸いです。

## 1-9 建物が２筆にまたがる場合の評価単位と評価方針

**Q** 被相続人Ａの土地と相続人Ｂの土地にまたがって相続人Ｂの建物が建っています。被相続人Ａの土地は相続人Ｂが取得する予定です。このような場合、評価単位はＡの土地だけで考えるのか、ＡとＢを一体評価して按分するのか、どちらでしょうか？

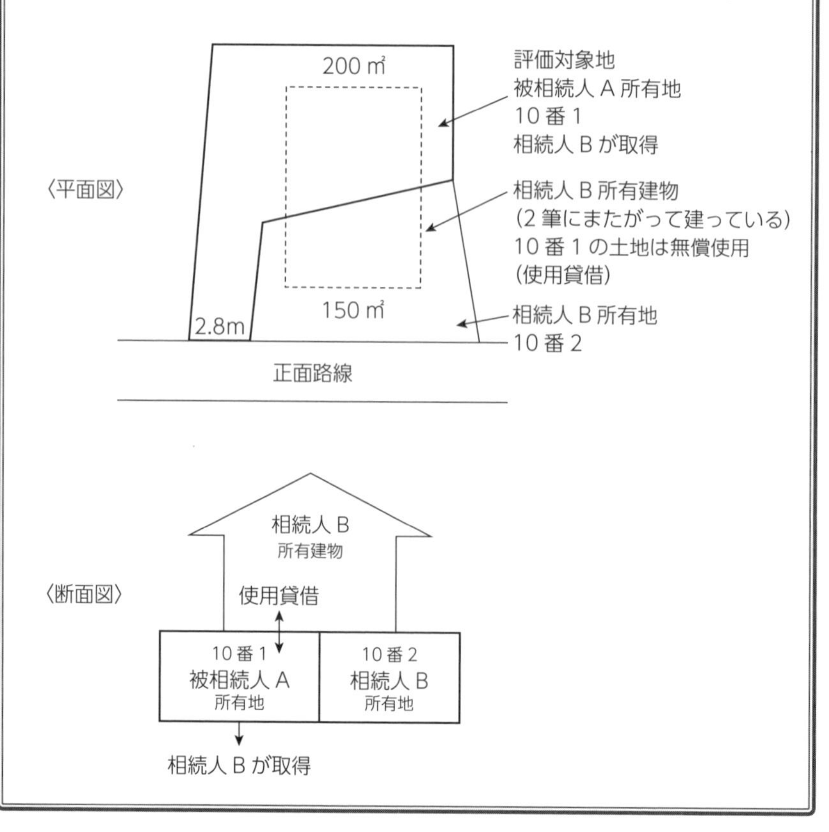


**A** ご質問ケースにおける評価単位の考え方は実はグレーゾーンです。考え方は、以下の2通りあります。

①　評価単位はAのみという考え方
②　評価単位は2筆を一体評価し、その後按分計算するという考え方

原則は①ですが、これは2画地（2筆）とも単独で利用可能な面積かつ「建物が建っていない未利用地」「取得者が隣接地と建物の所有者でない」ということが前提です。

今回ご相談のケースは、2画地（2筆）とも単独で利用可能な面積ですが、未利用ではなく建物が2画地にまたがって建っており、取得者が隣接地と建物の所有者であるという例外にあたります。そして、相続財産であるA土地を隣接所有者である相続人Bが取得することで一体地になります。このような利用実態から個人的には②で評価するのが合理的と考えます。

具体的な評価方法としては、以下の3通りがあると考えます。

ア．A、B一体で評価し、その後面積で按分する
イ．A、B一体で評価し、A、Bそれぞれを単独で評価した場合の価額で按分する
ウ．A、B一体で評価し、その評価額からAを単独で評価した場合の価額を控除する

時価の観点からはアの面積按分が妥当と考えられます。

なお、国税庁HP質疑応答事例「宅地の評価単位－使用貸借」の（2）では、ご相談のケースと似たケースが採り上げられています（ご相談のケースの相続人Aが乙）が、この質疑応答事例では「取得者」は不明であることから、乙の土地は単独で評価することとしています（ご相談のケースでは①評価単位はAのみという考え方と同じ。）。

国税庁HP質疑応答事例

宅地の評価単位－使用貸借

https://www.nta.go.jp/law/shitsugi/hyoka/02/04.htm

【照会要旨】

使用貸借により貸し付けられている次の図のような宅地の価額を評価する場合の評価単位は、どのように判定するのでしょうか。

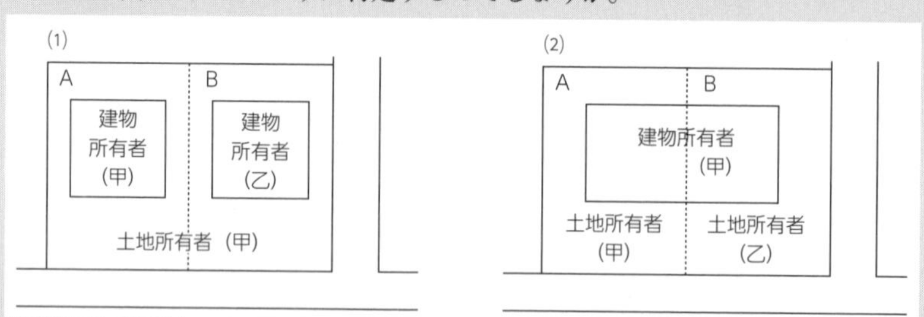


【回答要旨】

所有する宅地の一部を自ら使用し、他の部分を使用貸借により貸し付けている場合には、その全体を1画地の宅地として評価します。また、自己の所有する宅地に隣接する宅地を使用貸借により借り受け、自己の所有する宅地と一体として利用している場合であっても、所有する土地のみを1画地の宅地として評価します。

したがって、上の図の(1)については、A、B土地全体を1画地の宅地として評価し、(2)については、A土地、B土地それぞれを1画地の宅地として評価します。

なお、使用貸借に係る使用借権の価額は、零として取り扱い、使用貸借により貸し付けている宅地の価額は自用地価額で評価することに留意してください。

(理由)

使用借権は、対価を伴わずに貸主、借主間の人的つながりのみを基盤とするもので借主の権利は極めて弱いことから、宅地の評価に当たってはこのような使用借権の価額を控除すべきではありません。したがって、(1)のように、所有する宅地の一部を自己が使用し、他の部分を使用貸借により貸し付けている場合には、全体を自用の土地として1画地の宅地として評価します。

また、(2)のように、使用貸借で借り受けた宅地を自己の所有する宅地と一体として利用している場合であっても、甲の権利は極めて弱いことから、A土地、B土地それぞれを1画地の宅地として評価します。なお、B土地は乙の自用の土地として評価します。

今回ご相談のケースのように取得者が隣接地と建物の所有者である場合は、②の「評価単位は2筆を一体評価し、その後按分計算するという考え方」の方が時価及び現実的な取引の単位を反映しているものと考えます。

# 2 税理士を悩ませる「宅地造成費」

## 2-1 平坦地の宅地造成費の計上の際の寸法の測り方

**Q** 市街地にある農地や雑種地は地盤面が道路よりも低い場合、宅地造成費を計上する必要があると思いますが、実際に現地でどこをどのように測ればよいのかがよくわかりません。また、測った結果をもとに計算した宅地造成費の額が妥当かどうかもよくわかりません。具体的な宅地造成費の計上の方法を教えてください。

**A** 土盛の㎥(立方メートル) や土止の㎡(平方メートル) の寸法は、現地での測量はメジャーなどで簡易に行う程度で十分です。

測量士に高低測量してもらえば正確ですが、そこまでの費用をかける必要はありません。

ただし、まずは現地で評価対象地が平均傾斜度が３度以下の平坦地なのか３度超の傾斜地なのかを見極め、簡易的に測った結果を使った計算自体は正確に行いましょう。

そして、平坦地の場合は、実際にその土地を宅地にする際の造成工事をイメージできるとベターです（傾斜地は傾斜度さえわかれば造成工事をイメージする必要はありません。)。

隣地や周辺の土地がどのように造成しているか、以下の点をよく観察して想定します。

・評価対象地の隣地境界のうち、土止（擁壁）を造る必要がある場

所はどこか
・評価対象地全体を道路面までかさ上げする必要があるか

以下、具体的に事例で解説します。

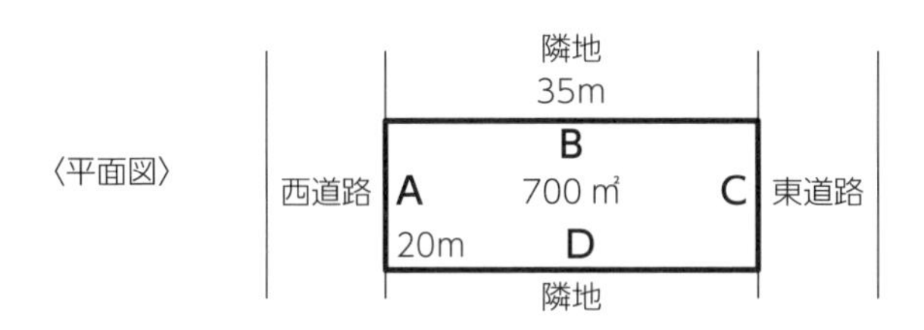

東道路面は西道路面よりも1.2m低い状況ですが、宅地化にあたっては大きく分けて次のような3パターンが考えられます。

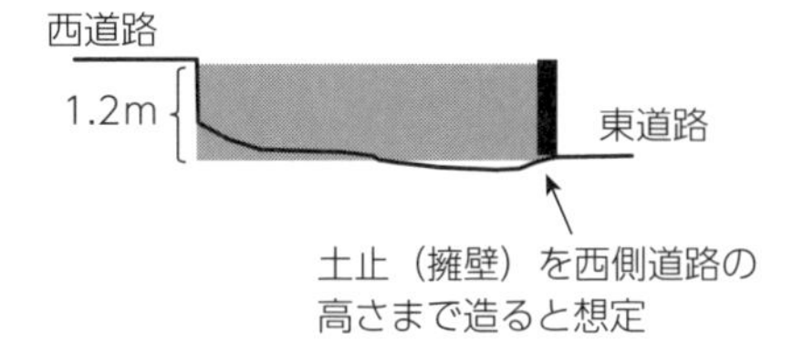


西道路にあわせた土盛 +BCD 面擁壁
土盛：1.2m×700 ㎡＝840 ㎥
土止（擁壁）：35m×1.2m×2 面（B、D 面）
＋20m×1.2m (C 面)
＝108 ㎡

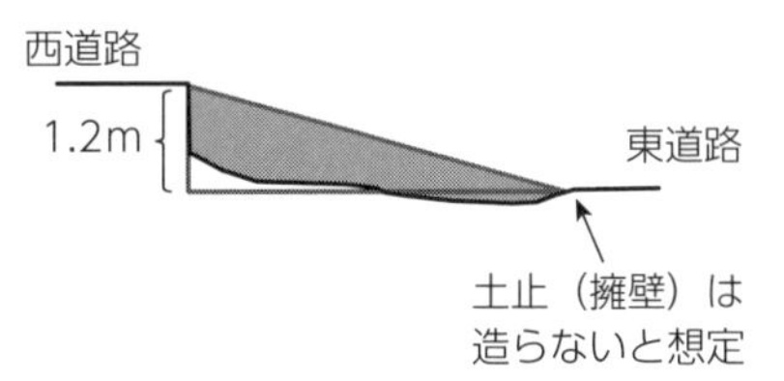


土盛は平均高さで計上する場合もある
土盛：(1.2m+0m）÷2×700 ㎡＝420 ㎥
土止（擁壁）：A、C 面は擁壁なし
B、D 面は合計で 35m×1.2m
÷2×2 面＝42 ㎡

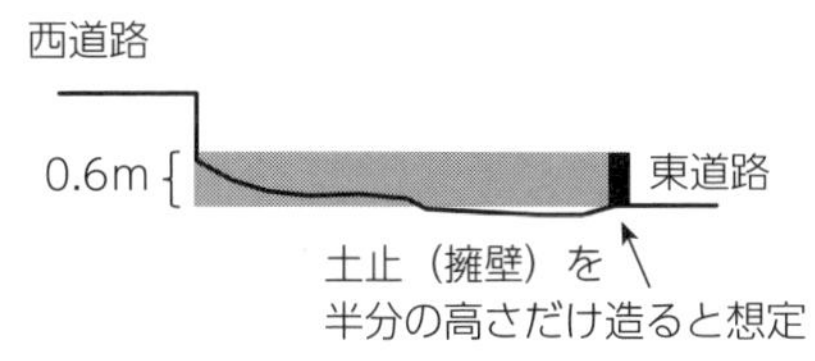


土盛：0.6m×700 ㎡＝420 ㎥
土止（擁壁）：A 面は擁壁なし
B、D 面は合計で 35m×0.6m
×2 面＝42 ㎡
C 面は 20m×0.6m＝12 ㎡
合計 54 ㎡

どの造成工事が評価対象地にとって適切かは、周辺の利用状況で判断するのがよいと考えます。評価対象地だけを見て結論を出すことは困難です。隣地や周辺の土地が道路との高低差をどのように解消しているか、どちらの道路側に玄関や駐車スペースを設けているか、などをよく観察して、評価対象地における現実的な造成工事を想定するのがよいでしょう。

## 2-2 太陽光発電設備用地の造成費は計上可能か

評価対象地は太陽光発電設備の設定されている土地です。評価の際、宅地造成費の控除は可能でしょうか？

**A** 太陽光発電設備の設定されている土地の地目は「雑種地」なので、比準方式での評価となります。

農地比準方式、山林比準方式、原野比準方式であれば宅地造成費は控除できませんが、宅地比準方式での評価であれば、控除を検討してください。

太陽光発電設備を設置する際に、宅地に転用できるような造成工事が行われていれば控除は不可、宅地化のための造成工事は行われておらず、設備撤去後に宅地として利用することになった際、造成工事が必要な状態であれば、宅地造成費の控除は可能と考えます。宅地造成費を控除する場合は、評価対象地内の傾斜度を概測して、平坦地か傾斜地か、どちらの宅地造成費を控除すべきかを検証するようにしましょう。

# 3 税理士を悩ませる「地積規模の大きな宅地の評価」

## 3-1 市街化区域と市街化調整区域にまたがる大きな土地

**Q** 評価対象地は３大都市圏以外にある1,300㎡の作業場ですが、市街化区域と市街化調整区域にまたがっています。面積の内訳は、市街化区域（第１種住居地域）700㎡、市街化調整区域600㎡です。この場合、地積規模の大きな宅地の評価は適用できるのでしょうか？

**A** 評価対象地が市街化区域と市街化調整区域にまたがる場合は、まず、市街化調整区域の部分が、地積規模の大きな宅地の評価の適用可能な区域かどうかを確認してください。

市街化調整区域内の土地は、地積規模の大きな宅地の評価は原則として適用不可ですが、例外もあり適用可能となる場合もあります。具体的には都市計画法第34条第11号、いわゆる条例指定区域に存する場合などです。

よって、まずは評価対象地の存する市街化調整区域の部分が都市計画法第34条第11号（又は第10号）に規定する区域に該当するか、及び評価対象地に戸建を含むどんな建物でも建築可能か、を確認してください。「第34条第11号（又は第10号）に該当」又は「建築可能」となれば、利用単位が1であることが前提ですが、1,300㎡全体が1評価単位であれば地積規模の大きな宅地の評価適用の面積要件は満たします。「第34条第11号（又は第10号）に該当しない」又は「建築不可」ということであれば、市街化区域の700㎡と市街化調整区域の600㎡は別の評価単位と捉えるのが妥当と考えます。

そして、市街化調整区域の600㎡の部分は原則通り適用不可、3大都市圏以外は市街化区域の700㎡の部分も、面積要件を満たさず、適用不可となります。

## 3-2 地積規模の大きな宅地の評価にかかわる容積率の算定

**Q** 評価対象地は普通商業・併用住宅地区にある1,140㎡の宅地です。この土地の容積率はどのように計算するのでしょうか？容積率次第では地積規模の大きな宅地の評価の適用要件を満たすことになるので教えてください。

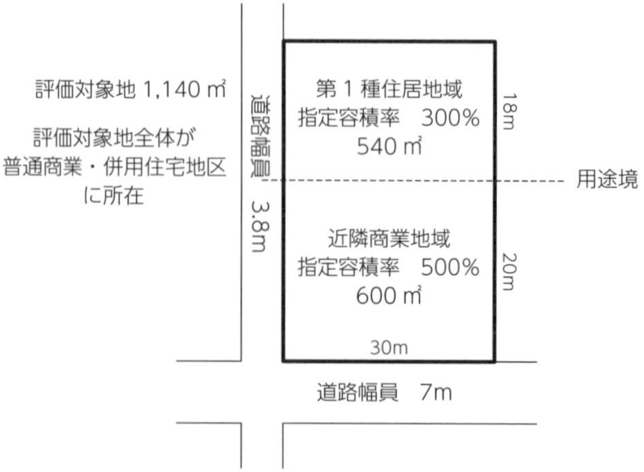

評価対象地 1,140 ㎡

評価対象地全体が
普通商業・併用住宅地区
に所在

道路幅員 3.8m

第１種住居地域
指定容積率　300%
540 ㎡

18m

用途境

近隣商業地域
指定容積率　500%
600 ㎡

20m

30m

道路幅員　7m

**A** 本来、容積率の算定は用途地域ごとに指定容積率（A）と基準容積率（B）をそれぞれ計算し、低い方が採用されます。

しかし、地積規模の大きな宅地の評価における容積率は指定容積率のみで判定します。

指定容積率は面積比による加重平均で算定しますので、%で表示して計算すると、以下のとおりとなります。

300% × 540㎡/1,140㎡ + 500% × 600㎡/1,140㎡ ≒ 405%

よってこの場合、容積率は405%と判定されるので、地積規模の大きな宅地の評価の適用は不可となります。

参考ですが、都市計画道路予定地の区域内にある宅地の評価（財産評価基本通達24-7）の補正率選択時の容積率や容積率の異なる2以上の地域にわたる宅地の評価（同20-7）の容積率計算は基準容積率も考慮しますので、地積規模の大きな宅地の評価における容積率の計算と異なり、以下のようになります。

第1種住居地域の部分については、
指定容積率（A）: 300%（30/10）
基準容積率（B）: 7 × 4/10 = 28/10
（住居系の係数は4/10で、7m道路に接するものとして計算）
A＞Bなので28/10を採用
近隣商業地域の部分については、
指定容積率（A）: 500%（50/10）
基準容積率（B）: 7 × 6/10 = 42/10
（住居系以外の係数は6/10で7m道路に接するものとして計算）
A＞Bなので42/10を採用
そして評価対象地全体の容積率は面積比による加重平均で算定します。
わかりやすく%で表示して計算すると、
280% × 540㎡/1,140㎡ + 420% × 600㎡/1,140㎡ ≒ 354%

## 3-3 開発許可が得られない土地は地積規模の大きな宅地の評価適用が可能か

評価対象地までの道路の幅が狭く開発許可が下りないのですが、地積規模の大きな宅地の評価の適用は可能でしょうか？

**A** 結論からいいますと、開発許可が得られない土地でも、地積規模の大きな宅地の評価の適用は可能です。地積規模の大きな宅地の評価は無道路地でも適用しますし、開発許可が得られるかどうかは要件で問われていません。要件を満たすのであれば適用してください。

ただし、道路を新設して細分化するといった開発行為ができないために開発許可が得られないような土地は開発業者による需要が見込めません。

したがいまして、奥行価格補正率や不整形地補正率、規模格差補正率、セットバック等による減価だけでは時価よりも高く算出される可能性があります。そのような場合は、鑑定評価による時価で申告することも視野に入れて検討しましょう。

# 3-4 倍率地域にある地積規模の大きな宅地の評価における補正率

**Q** 評価対象地は倍率地域にある1,200㎡の宅地で地積規模の大きな宅地の評価の適用要件を満たします。評価計算にあたっては、規模格差補正率以外の補正率を乗じてもよいのでしょうか？

**A** 結論からいいますと、規模格差補正率以外に、奥行価格補正（財産評価基本通達15）や不整形地補正（同20）、無道路地（同20-3）、間口狭小（同20-4）、がけ地補正（同20-5）、土砂災害特別警戒区域内の補正（同20-6）、容積率の異なる2以上の地域にわたる宅地（同20-7）、セットバック（同24-6）のほか、宅地造成費の控除も可能です。

以下、詳細に解説します。

まず、財産評価基本通達21-2には以下のように記載があります。

> 21-2　倍率方式により評価する宅地の価額は、その宅地の固定資産税評価額に地価事情の類似する地域ごとに、その地域にある宅地の売買実例価額、公示価格、不動産鑑定士等による鑑定評価額、精通者意見価格等を基として国税局長の定める倍率を乗じて計算した金額によって評価する。ただし、倍率方式により評価する地域（以下「倍率地域」という。）に所在する20－2《地積規模の大きな宅地の評価》に定める地積規模の大きな宅地（22－2《大規模工場用地》に定める大規模工場用地を除く。）の価額については、本項本文の定めにより評価した価額が、その宅地が標準的な間口距離及び奥行距離を有する宅地であるとした場合の1平方メートル当たりの価額を14《路線価》に定める路線価とし、かつ、その宅地が14－2《地区》に定める普通住宅地区に所在するものとして**20－2の定めに準じて計算した価額を上回る場合には、20－2の定めに準じて計算した価額により評価する。**

そして、財産評価基本通達20-2には以下のように記載があります。

> 20－2　地積規模の大きな宅地（三大都市圏においては500㎡以上の地積の宅地、それ以外の地域においては1,000㎡以上の地積の宅地をいい、次の（1）から（3）までのいずれかに該当するものを除く。以下本項において「地積規模の大きな宅地」という。）で14-2《地区》の定めにより普通商業・併用住宅地区及び普通住宅地区として定められた地域に所在するものの価額は、**15《奥行価格補正》から前項までの定めにより計算した価額に、その宅地の地積の規模に応じ、次の算式により求めた規模格差補正率を乗じて計算した価額によって評価する。**

財産評価基本通達の15～20はそれぞれ、15　奥行価格補正、16　側方路線影響加算、17　二方路線影響加算、18　三方又は四方路線影響加算、19　削除、20　不整形地の評価、ですので、まず奥行価格補正と不整形は減価できます。

また、平成29年10月3日付の「財産評価基本通達の一部改正について」通達等のあらましについて　（資産評価企画官情報第5号）「3.（1）ホ「地積規模の大きな宅地の評価」に係る規模格差補正率と各種補正率の適用関係」には、以下のように記載があります。

> （略）地積規模の大きな宅地を戸建住宅用地として分割分譲する場合に発生する減価のうち、主に地積に依拠するもの以外の土地の形状、道路との位置関係等に基づく個別的要因に係る補正については、別途、評価通達 15《奥行価格補正》から20《不整形地の評価》まで及び 20－3《無道路地の評価》から 20－6《容積率の異なる2以上の地域にわたる宅地の評価》までの定めを適用して評価上考慮することとなる。また、セットバック部分がある場合には、別途、評価通達 24－6《セットバックを必要とする宅地の評価》の定めを適用して評価することとなる。

これは路線価地域、倍率地域の区別のない記載ですので、奥行価格補正（同15）や不整形地補正（同20）、無道路地（同20-3）、間口狭小（同20-4）、がけ地補正（同20-5）、土砂災害特別警戒区域内の補正（同20-6）、容積率の異なる2以上の地域にわたる宅地（同20-7）、セットバック（同24-6）について評価減できます。これに記載のない都市計画道路予定地の区域内にある宅地（同24-7）、生産緑地（40-3）についても過去の広大地の規定で重複適用可能であった点及び時価の観点に鑑みれば減価可能と考えるのが妥当でしょう。

宅地造成費の控除に関しては、市街地農地の評価（同40）注意書き、市街地山林の評価（同49）注意書き、市街地原野の評価（同58-3）注意書きに、規模格差補正率との重複適用が可能である旨の記載があります。また、資産評価企画官情報第5号の3（2）「市街地農地等への「地積規模の大きな宅地の評価」の適用について」に「地積規模の大きな宅地の評価」の適用対象となる市街地農地等については、「地積規模の大きな宅地の評価」を適用した後、個々の農地等の状況に応じた宅地造成費相当額を別途控除して評価することとなる。」と記載があり適用可能とされています。

なお、国税庁HP質疑応答事例「地積規模の大きな宅地の評価－計算例⑤（倍率地域に所在する宅地の場合）」の計算例では、規模格差補正率及び奥行価格補正率が考慮されています。

国税庁HP質疑応答事例
地積規模の大きな宅地の評価－計算例⑤（倍率地域に所在する宅地の場合）
https://www.nta.go.jp/law/shitsugi/hyoka/20/12.htm

【照会要旨】

次の図のような倍率地域に所在する宅地（地積3,000㎡、三大都市圏以外の地域に所在）の価額はどのように評価するのでしょうか（地積規模の大きな宅地の評価における要件は満たしています。）。

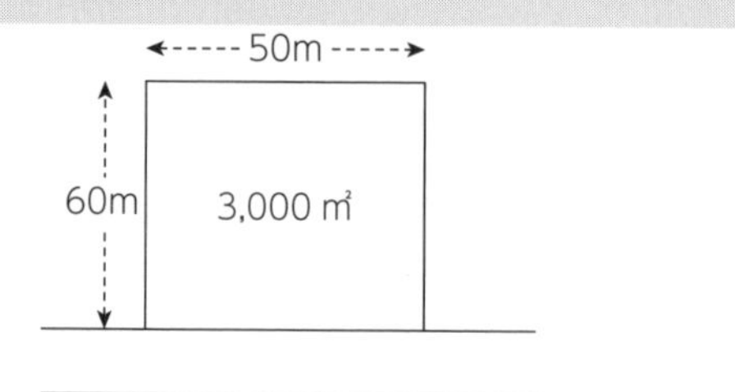


① 宅地の固定資産税評価額：105,000,000円

② 近傍の固定資産税評価に係る標準宅地の1㎡当たりの価額：50,000円

③ 倍率：1.1倍

【回答要旨】

1 標準的な1㎡当たりの価額の計算

50,000円×1.1（倍率）＝55,000円

2 規模格差補正率（小数点以下第2位未満切捨て）

$$\frac{3,000㎡\times0.85+250}{3,000㎡}\times0.8=0.74$$

3 評価額

55,000円 × 0.86（普通住宅地区の奥行価格補正率） × 0.74（規模格差補正率） × 3,000㎡（地積） ＝ 105,006,000円
（<105,000,000円×1.1＝115,500,000円）

※1 倍率地域に所在する宅地は、普通住宅地区に所在するものとして計算します。

2 その宅地の固定資産税評価額に倍率を乗じて計算した価額が「地積規模の大きな宅地の評価」（財産評価基本通達20-2）に準じて計算した価額を上回る場合には、「地積規模の大きな宅地の評価」に準じて計算した価額により評価します。

【関係法令通達】

財産評価基本通達20-2、21-2

# 4 税理士を悩ませる「私道」

## 4-1 通り抜けできる私道はゼロ？ 自用地価額の３割？

**Q** 一軒家の敷地と私道持分が評価対象ですが、図のような通り抜けできる私道はゼロ評価でよいでしょうか？

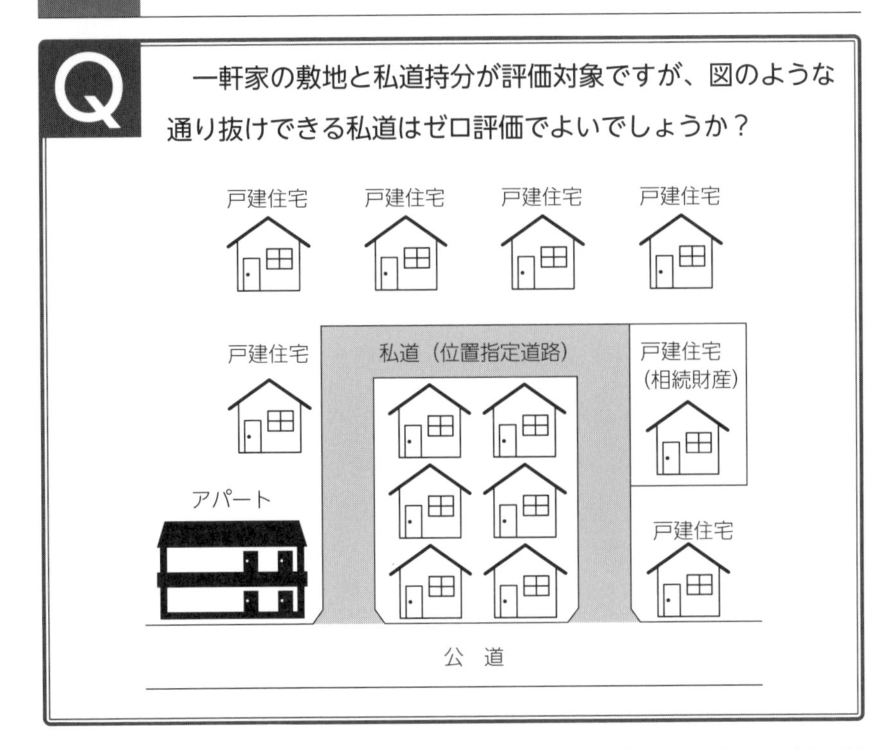


**A** 結論からいいますと、図のような私道は自用地価額の3割で評価せざるを得ないと考えます。

私道の評価額がゼロか自用地価額の3割かの判断基準は、「通り抜けできるかどうか」ではなく、「特定の人だけが通っているか、不特定の人が通っているか」がポイントです。

つまり、以下のとおりです。

- ・「特定かつ複数の者の通行の用に供されている私道」＝自用地価額の3割
- ・「不特定多数の者の通行の用に供されている私道」＝評価しない（ゼロ評価）

道路形態ではなく実質的に誰が通っているかでゼロか3割かに分かれます。

ご質問のような私道は確かに通り抜けできますが、実際に通っているのは私道沿いの住宅とアパートの住人にほぼ限定されます。つまり、「特定かつ複数の者の通行の用に供されている私道」ということです。よって、ゼロではなく自用地価額の3割で評価せざるを得ません。

なお、国税庁HPの質疑応答事例で、評価しない私道（ゼロ評価の私道）、つまり「不特定多数の者の通行の用に供されている私道」の例として、「公道から公道へ通り抜けできる私道」が挙げられていますが、これは次のような通り抜け私道が想定されていると思われます。

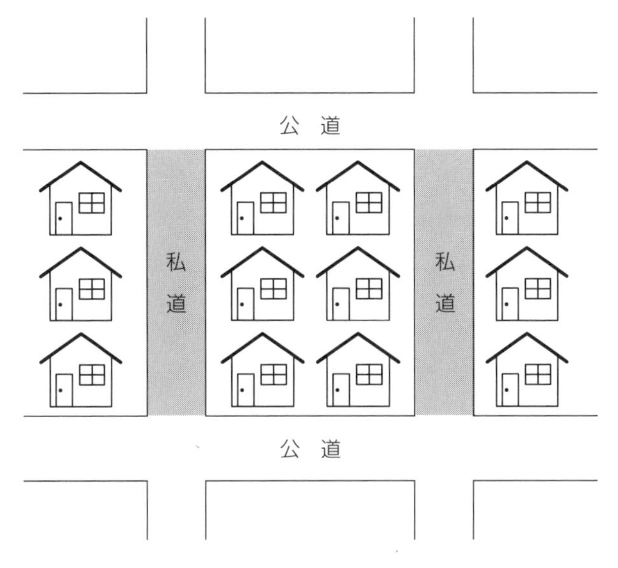


したがいまして、行き止まり私道は多くが3割評価となりますが、行き止まり私道やご質問のような形の私道でも私道沿いの建物が公民館のような公共性のあるものや、私道沿いにバス停がある場合は、ゼロ評価となります。私道評価にあたっては、通り抜けの可否だけでなく、私道沿いの建物用途を確認し、誰が通っているかを相続人に確認し、現地でも観察してゼロか3割かの判断をしてください。

ただし、私道の価値は相対的にそれほど高くない場合が多いので、評価にあたっては減価要因をすべて顕在化させて評価に反映し、できる限り低くなるよう留意しましょう。

## 4-2　ゼロか３割か判断に迷う私道

Q

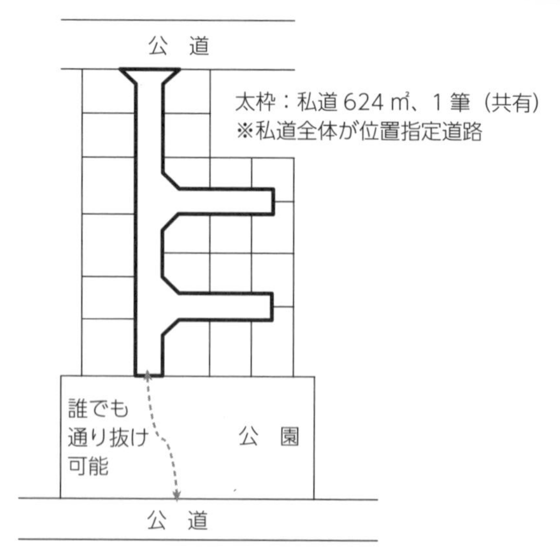


評価対象地は共有持分の１筆の私道です。評価対象となる持分は8/171で、私道全体が位置指定道路（建築基準法第42条第１項第５号道路）になっています。図のように公営の公園を介して公道に通り抜けできます。

このような私道はすべて３割評価をすべきでしょうか？ 私道の一部は３割、一部はゼロとして分けて評価すべきでしょうか？

A　結論からいいますと、私道一部をゼロ評価し、残りの部分は自用地価額の３割で評価するのが妥当と考えます。

私道自体は行き止まりですが、公園を介して公道から公道へ通り抜けできます。

したがいまして、公道から公園につながる部分は「不特定多数の者の通行の用に供されている私道」としてゼロ、それ以外の部分は「特定の者の通行の用に供されている私道」として自用地価額の3割で評価するのが妥当と考えます。評価にあたっては、私道全体を評価し、面積で按分して、ゼロと3割評価部分に分けるのがよいでしょう。ゼロと3割の部分については図示しましたのでご確認ください。

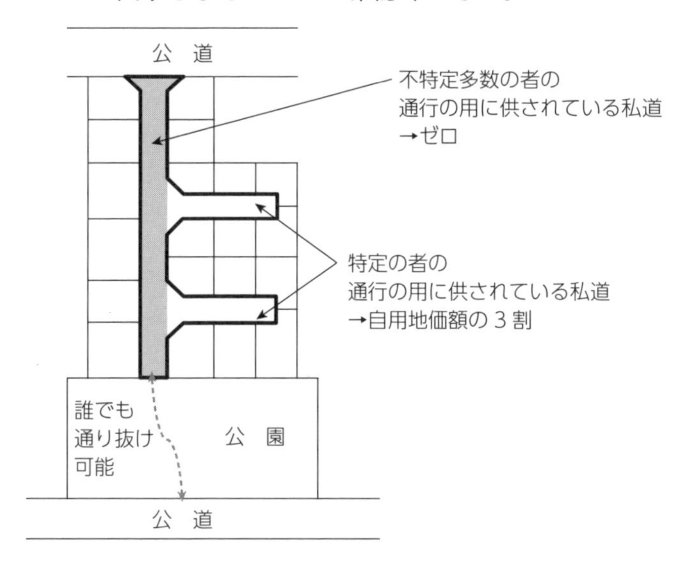

## 4-3 倍率地域にある私道の評価

**Q** 評価対象は倍率地域にある私道です。私道自体の固定資産税路線価は@77,400、接続先の公道の固定資産税路線価は@86,100です。接続先の公道は不特定多数の人が通っており通り抜けできます。私道は特定の人が使っています。この私道は、77,400円×宅地の倍率1.1×88㎡×0.3×持分1/6=374,616円でよいでしょうか？

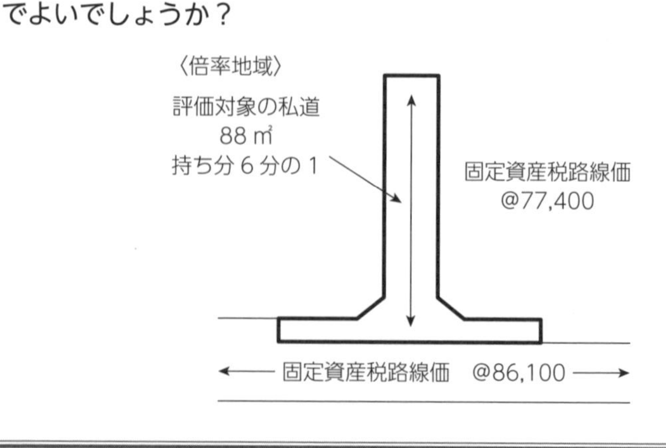


**A** まず、私道のうち、公道と一体となって不特定多数の者の通行の用に供されている部分20㎡は評価しない（ゼロ評価）部分となりますのでご注意ください（次頁図の着色部分）。1筆の私道である場合は、評価する部分と評価しない部分の面積を、机上又は現地での簡易測量を基に概測する必要があります。

ご相談の私道は、大きな土地を細分化して分譲する際、新たに作られたものと思われます。私道新設の際は接続先の既存道路を開発指導要綱などに基づき拡幅しなければならない場合があり、それが今回評価しない（ゼロ評価）部分であり、図中のグレーで着色した部分と考えられます。

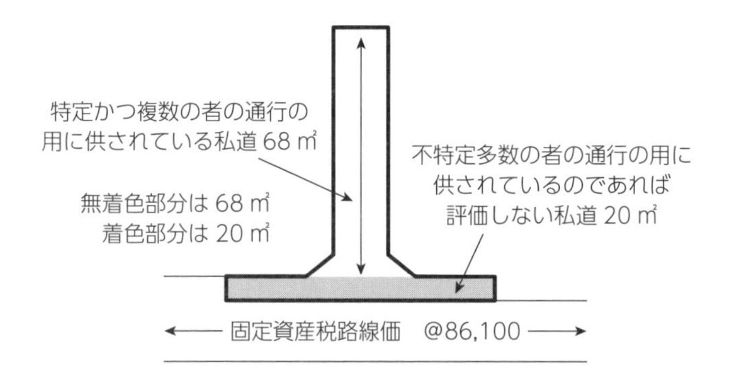


私道の評価方針としては、以下のA、Bの低い方を採用すればよいでしょう。

> A. 77,400円×宅地の倍率1.1×68㎡×0.3×持分1/6=289,476円（20㎡は評価しない）
> B. 86,100円×1.1をスタートとして、普通住宅地区にあるものとして間口狭小、奥行長大を考慮して評価し「0.3×持分1/6」を乗じたもの

特定路線価の場合はA、Bの低い方を採用するということで結構ですが、ご相談のような倍率地域で近傍標準宅地単価から評価する私道の場合は、グレーゾーンです。

したがいまして、特定路線価の場合と同じ方針を準用するのがよいと考えます。私道の評価にあたっては、ご相談のケースのように、その一部に評価しなくてよい部分（ゼロ評価の部分）がある可能性があります。必ず公図を確認して、評価方針を決定するようにしてください。

国税庁HPタックスアンサーの私道の評価については、以下の記載があります。参考にしてください。

国税庁HPタックスアンサー
No. 4622　私道の評価
https://www.nta.go.jp/taxes/shiraberu/taxanswer/hyoka/4622.htm

私道には、①公共の用に供するもの、例えば、通抜け道路のように不特定多数の者の通行の用に供されている場合と、②専ら特定の者の通行の用に供するもの、例えば、袋小路のような場合があります。

私道のうち、①に該当するものは、その私道の価額は評価しないことになっています。②に該当する私道の価額は、その宅地が私道でないものとして路線価方式または倍率方式によって評価した価額の30パーセント相当額で評価します。この場合、倍率地域にある私道の固定資産税評価額が私道であることを考慮して付されている場合には、その宅地が私道でないものとして固定資産税評価額を評定し、その金額に倍率を乗じて評価した価額の30パーセント相当額で評価します。

（注1）　隣接する宅地への通路として専用利用している路地状敷地については、私道に含めず、隣接する宅地とともに1画地の宅地として評価します。

（注2）　路線価方式による場合の評価方法

私道の価額は、原則として、正面路線価を基として次の算式によって評価しますが、その私道に設定された特定路線価を基に評価（特定路線価×0.3）しても差し支えありません。

（算式）
正面路線価×奥行価格補正率×間口狭小補正率×奥行長大補正率×0.3×地積＝私道の価額

## 4-4 歩道として誰でも通れる通路が道路沿いにある分譲マンションの敷地

**Q** 評価対象地は商業地域にある40階建てタワーマンションの敷地ですが、道路に沿って歩道としてインターロッキングで舗装された部分があり、不特定多数の者の通行の用に供されています。このような歩道として誰でも通れる通路部分は「歩道状空地」としてゼロ評価で間違いないでしょうか？

**A** まず、私道評価する「歩道状空地」というのは、①都市計画法所定の開発行為の許可を受けるために、地方公共団体の指導要綱等を踏まえた行政指導によって整備され、②道路に沿って、歩道としてインターロッキングなどの舗装が施されたものであり、③居住者等以外の第三者による自由な通行の用に供されていることが要件です。

ご相談の土地は、②③は満たすと思いますが、①については資料・役所調査情報を確認してからでないと判断ができません。また、評価対象地内のご指摘の部分は「歩道状空地」ではなく「公開空地」の可能性もあります。公開空地の一部であればゼロとなる私道評価ではなく建物敷地としての評価となります。この点は役所調査にて開発登録簿又は建築計画概要書、分譲時パンフレット等で確認すればわかります。

商業エリアの高層マンションの敷地の評価で、減価対象となる歩道状空地はほとんどありません。歩道状空地は中低層の共同住宅敷地によくみられるものなので、前述の調査を行ってからご判断ください。

ちなみに、ゼロ評価する私道のある場合は、グレーゾーンですが、実務ではゼロ評価する私道を含む全体で想定整形地を作成してかげ地割合を検証しています。国税庁HP質疑応答事例には歩道状空地と公開空地の評価に関する記載がありますので参考にしてください。

**歩道状空地**

**公開空地**

国税庁HP質疑応答事例
歩道状空地の用に供されている宅地の評価
https://www.nta.go.jp/law/shitsugi/hyoka/04/51.htm

【照会要旨】

都市計画法所定の開発行為の許可を受けるため、地方公共団体の指導要綱等を踏まえた行政指導によって設置された、次のような「歩道状空地」の用に供されている宅地については、どのように評価するのでしょうか。

なお、この「歩道状空地」はインターロッキング舗装が施されたもので、<u>居住者等以外の第三者による自由な通行の用に供されています</u>。

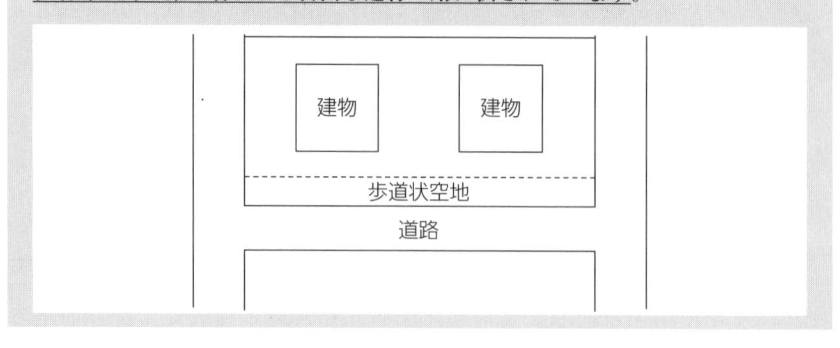

【回答要旨】

「歩道状空地」の用に供されている宅地が、法令上の制約の有無のみならず、その宅地の位置関係、形状等や道路としての利用状況、これらを踏まえた道路以外の用途への転用の難易等に照らし、客観的交換価値に低下が認められる場合には、その宅地を財産評価基本通達24に基づき評価します。

具体的には、①都市計画法所定の開発行為の許可を受けるために、地方公共団体の指導要綱等を踏まえた行政指導によって整備され、②道路に沿って、歩道としてインターロッキングなどの舗装が施されたものであり、③居住者等以外の第三者による自由な通行の用に供されている上図の「歩道状空地」は、財産評価基本通達24に基づき評価することとなります。

上図の「歩道状空地」が、不特定多数の者の通行の用に供されている場合には、その価額は評価しません。

国税庁HP質疑応答事例

公開空地のある宅地の評価

https://www.nta.go.jp/law/shitsugi/hyoka/04/34.htm

【照会要旨】

いわゆる総合設計制度により容積率の割増しを受け建物を建築する場合には、敷地内に一定の空地を設け、日常一般に公開することが許可の基準となっています。このようないわゆる公開空地として利用されている宅地については、どのように評価するのでしょうか。

【回答要旨】

建物の敷地として評価します。

建築基準法第59条の2のいわゆる総合設計制度では、建物の敷地内に日常一般に公開する一定の空地を有するなどの基準に適合して許可を受けることにより、容積率や建物の高さに係る規制の緩和を受けることができます。この制度によって設けられたいわゆる公開空地は、建物を建てるために必要な敷地を構成するものです。

# 5 税理士を悩ませる「利用価値が著しく低下している宅地」

## 5-1 防音壁によって道路から出入りできない部分がある場合の減価

**Q** 公道上の防音壁の設置によって評価対象地に出入りできない部分がありますが、利用価値が著しく低下している宅地としての10%減は可能でしょうか？

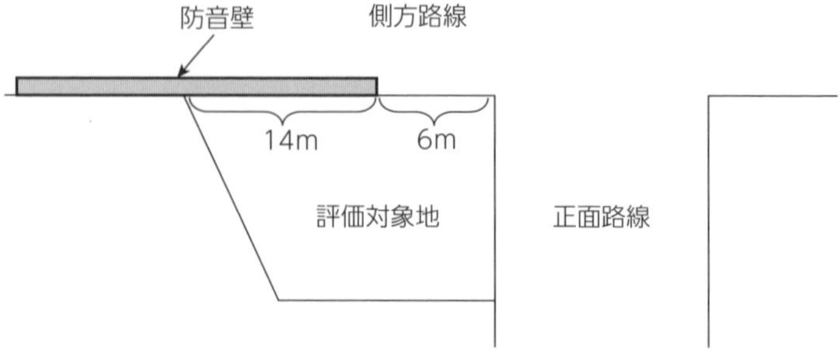

**A** 側方路線の一部に防音壁があり、評価対象地の出入りに支障がありますが、正面路線側からは何の問題もなく出入りできますので、利用価値低下とまではいえないと判断致します。

過去の国税不服審判所の裁決例で、正面路線側にある歩道橋が障害となって利用価値低下10%が認められたことはありますが、今回ご相談のケースは何の支障もなく出入りできる部分がありますので10%は妥当でないと判断致します。

横断歩道橋が設置されていることにより、車両進入の障害となっていること及び有効歩道幅員が狭いことから、著しい利用制限をその全面積に受けているものと認められるので、10%の減額をして評価することが相当である。

（平18. 3. 10仙裁（諸）平17-12）

評価にあたっては、側方路線の影響加算は防音壁のない部分だけを加算するように分数調整（6 m /20 m）で計算して多少なりとも減価するようにしてください。

なお、ほとんどこのようなケースはないと思いますが、次の図のように評価対象地が中間画地で防音壁のない部分が2 m未満であるような場合は、出入りに支障があると判断するのが妥当と考えます。

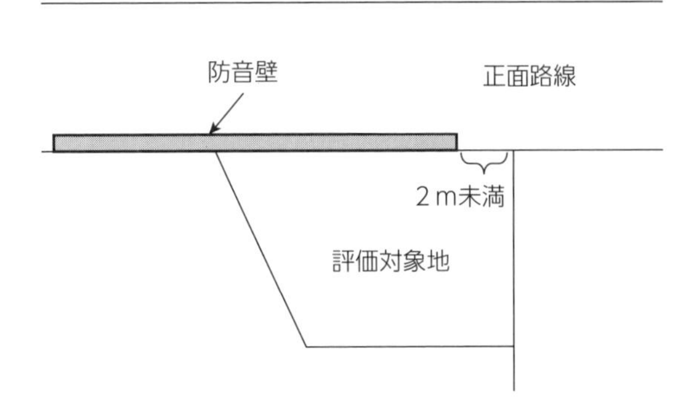

## 5-2 畑の近くの線路の騒音は減価できるのか

**Q** 評価対象地の畑に隣接して鉄道の線路があり非常にうるさいと感じます。利用価値が著しく低下している宅地として10％の減価は可能でしょうか？

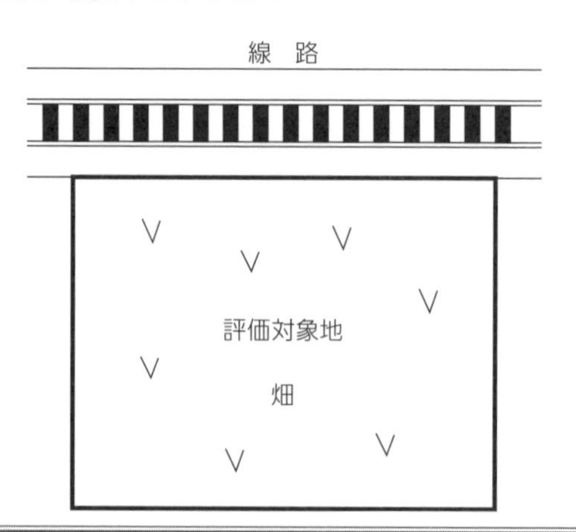


**A** 結論からいいますと、評価する畑が、

・市街地農地、市街地周辺農地であれば減価可能

・純農地、中間農地であれば減価不可

となります。

騒音による利用価値が著しく低下している宅地としての減価は、住宅用地として既に利用されている、又は住宅用地として利用されることが前提とされる、という土地に対し、住む人が「うるさい」と感じる程度の騒音があればその土地に対する需要も減るので価格も下がる、よって評価額を下げる、というのがその趣旨です。

したがいまして、畑の場合は、宅地化を前提として評価する市街地農地、市街地周辺農地は適用可能と考えます。

一方、純農地、中間農地は農地としての利用が前提であり、そもそもうるさくても農作物は育つのが一般的と考えられますので利用価値の低下にはつながりません。よって減価対象とはなりません。

## 5-3 工場敷地の近くの線路の騒音は減価できるのか

**Q** 評価対象地の工場に隣接して鉄道の線路があり非常にうるさいと感じます。利用価値が著しく低下している宅地として10%の減価は可能でしょうか？

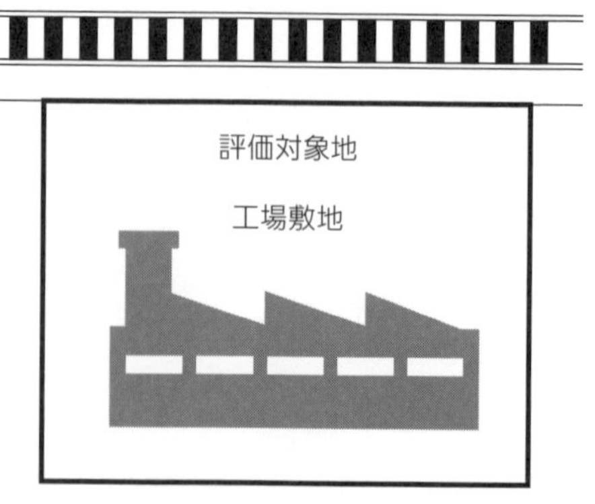


**A** 結論からいいますと、評価する工場用地が、

・住宅街にあり住宅用地として利用が最適な土地であれば減価可能

・用途地域が工業専用地域、工業地域にある土地は減価不可

となります。

騒音による利用価値が著しく低下している宅地としての減価は、住宅用地として既に利用されている、又は住宅用地として利用されることが前提とされる、という土地に対し、住む人が「うるさい」と感じる程度の騒音があればその土地に対する需要も減るので価格も下がる、よって評価額を下げる、というのがその趣旨です。

したがいまして、工場用地の場合は、住宅用地として利用が最適であり将来的には戸建分譲用地などになる可能性が高いと判断される場合は減価対象として差し支えないと考えます。

一方、用途地域が工業専用地域、工業地域にある土地は工場用地としての利用が最適である場合が多いです。工場は鉄道の騒音があっても生産効率にはほとんど影響しません。よって減価対象とはなりません。

## 5-4　高低差による利用価値低下10%減の判断基準

**Q**　評価対象地は北側の道路とは高低差なく出入りできますが、南側の道路とは5mの高低差があり、出入りできません。このような場合、利用価値低下10%減はしてもよいでしょうか？

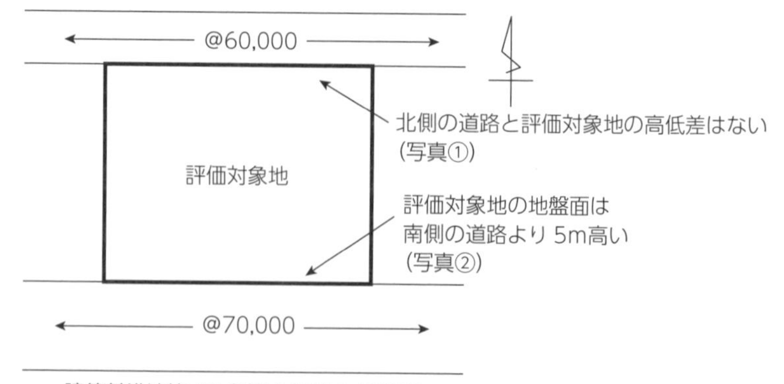


■写真①　北側道路（評価対象地と高低差なし）

■写真②　南側道路（評価対象地は道路よりも5m高い）

**A** 結論からいいますと、ご相談の土地は高低差による利用価値低下10%減は妥当でないと判断します。

高低差による利用価値低下10%減をするのが妥当なのは、以下A～Dをすべて満たす場合と考えます（過去の国税不服審判所裁決例から筆者が判断した目安）。

A. 評価対象地だけ、又は評価対象地の並びだけが、周辺の土地よりも「少なくとも1m以上」の高低差がある
B. 路線価に高低差による減価が反映されていない
C. 高低差のないところから評価対象地に出入りできない、造成などによって高低差を解消していない
D. 高低差を利用した駐車場（車庫）や物置などがない

評価対象地は北側道路から高低差なしで出入りできる状態ですので10%減は妥当でないと判断します。この場合、北側道路の路線価の方が南側道路の路線価より低いですが、高低差のない北側道路を正面路線と

し、高低差のある南側道路を裏面路線として、裏面路線影響加算はしないという判断でよいでしょう。

ただし、税務署に加算漏れと指摘されないように、裏面路線影響加算しない理由をしっかり記載して申告書に添付するようにしてください。

なお、裏面路線影響加算したうえで、高低差による利用価値低下10%減をするという方針も考えられますが、そもそも「利用価値が著しく低下している宅地」とは判断されませんのであまりお勧めはできません。

## 5-5 二方路地の一方の道路が高い場合の利用価値低下10%減の可否

**Q** 評価対象地は二方路地ですが、路線価@100,000の道路は評価対象地よりも約3m高く、路線価@80,000の道路は評価対象地と同じ高さで接しています。評価対象地には路線価@80,000の道路から出入りしており、路線価@100,000の道路は使っていません。正面路線はどちらの道路になりますか？ また、利用価値が著しく低下している宅地としての10%減は可能ですか？

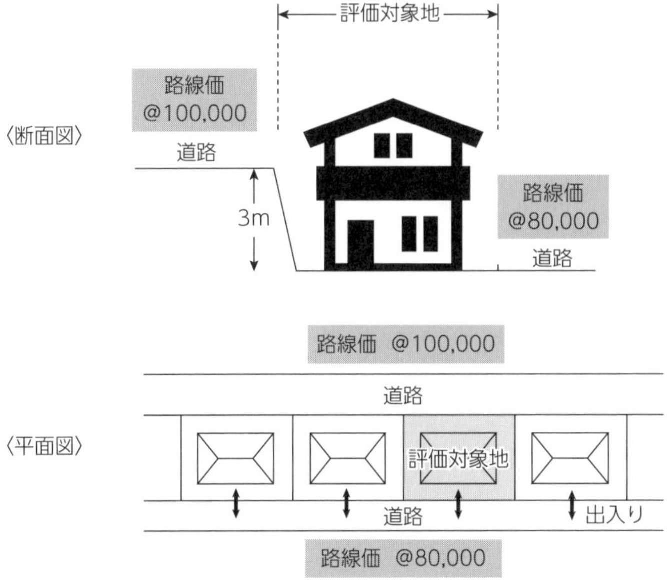

〈断面図〉

評価対象地

路線価 @100,000

道路

3m

路線価 @80,000

道路

〈平面図〉

路線価 @100,000

道路

評価対象地

道路

出入り

路線価 @80,000

※相続税路線価を路線価と示しています。

**A** 路線価@100,000の道路が使われていない明確な理由はわかりませんが、その道路沿いの土地にとってはおそらく「高低差が大きすぎる」などの理由で「使えない」道路と考えられます。したがいまして、正面路線は@80,000の道路とし、裏面路線影響加算はしない、という評価方針が妥当と考えます。

また、@80,000の道路と評価対象地は等高に接しており、高低差のないところから出入りできる状態ですので、利用価値が著しく低下している宅地には該当しません。

なお、似たようなケースですが、次の図のように、評価対象地以外の画地は橋を設置して路線価@100,000の道路から出入りしているような場合もあります。

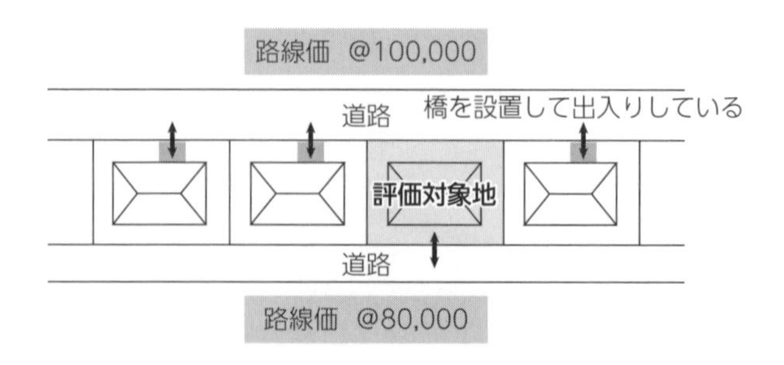


このような場合、評価対象地は@100,000の道路を「使えるのに使っていない」と考えられるので、正面路線は@100,000の道路とし、裏面路線は@80,000の道路とするのが妥当と考えます。そうすると高低差のない通常の土地と同じ評価になり高低差が反映されない評価となり妥当ではありません。したがいまして、@100,000の道路から出入りするに際して必要な橋の一般的な幅を間口距離（例えば2m）として間口狭小、奥行長大の減価をみることで想定される利用状況を反映させて評価するのが妥当と考えます。なおこの場合も、@80,000の道路と評価対象地は等高に接しており、高低差のないところから出入りできる状態ですので、利用価値が著しく低下しているとまではいえません。よってこの10%評価減は行いません。

## 5-6 法面のある工場用地の利用価値低下10%減の可否

**Q** 評価対象地は大規模な工場用地です。道路沿いは法面（のりめん）になっていて芝生が植えられています。評価対象地と道路との高低差は３m程度ありますが、法面の一部がスロープになっていてそこから出入りしています。このような場合、利用価値が著しく低下している宅地として10%減は可能でしょうか？

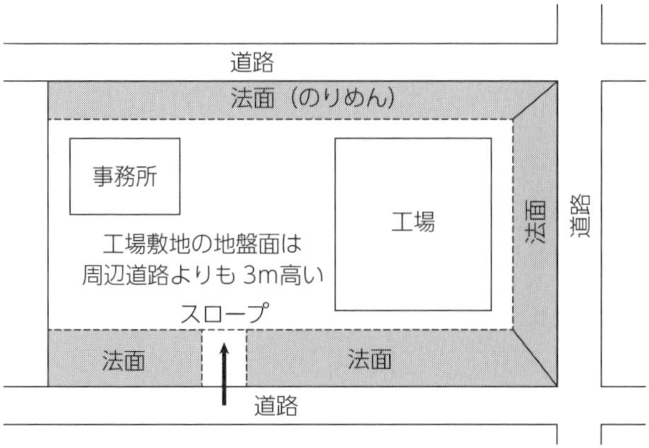

**A** 結論からいいますと、ご相談のケースでは利用価値が著しく低下している宅地としての10%評価減は妥当でないと考えます。

スロープなどで道路と高低差のないところから出入りできるように造成されている、というのがその理由です。

その代わりに「がけ地等を有する宅地」（財産評価基本通達20-5）の適用を検討してください。評価対象地を真上から見た時に法面（がけ地）の割合が地積の10%以上かつ法面の斜度が概ね30度以上であれば「がけ地等を有する宅地」の減価が可能と考えられます。

## 5-7　墓地の向かいにある大きな土地

**Q**　評価対象地は墓地の向かいにある3,000㎡の駐車場です。評価対象地全体を利用価値が著しく低下している宅地として10%減額しても問題ないでしょうか？

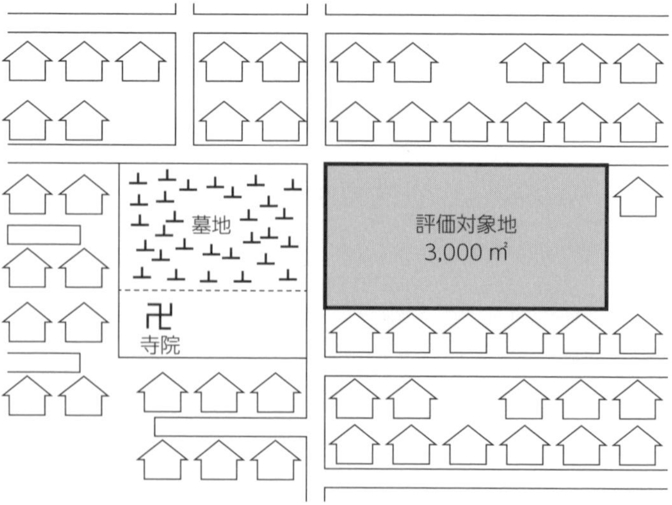

墓地
評価対象地
3,000㎡
寺院

**A**　近隣の地価公示地の地積が200㎡なので評価対象地周辺地域の標準的な宅地は200㎡程度であることがわかります。ご相談の土地は3,000㎡ですので、周辺の標準的な宅地の15倍もあります。このような場合は、墓地が近くにあることで地価に影響を及ぼす範囲は限定的なので、利用価値が著しく低下している宅地として減額対象になるのは評価対象地の一部、という考え方が合理的だと思われます。

具体的には、墓地が地価に影響を及ぼす範囲は次の図の中の点線の範囲程度と考えられます。つまり、評価対象地3,000㎡のうち墓地に近い道路沿いの3画地×200㎡＝600㎡程度です。したがいまして、3,000㎡のうち600㎡に相当する価額だけ10％減額するのが合理的と考えます。

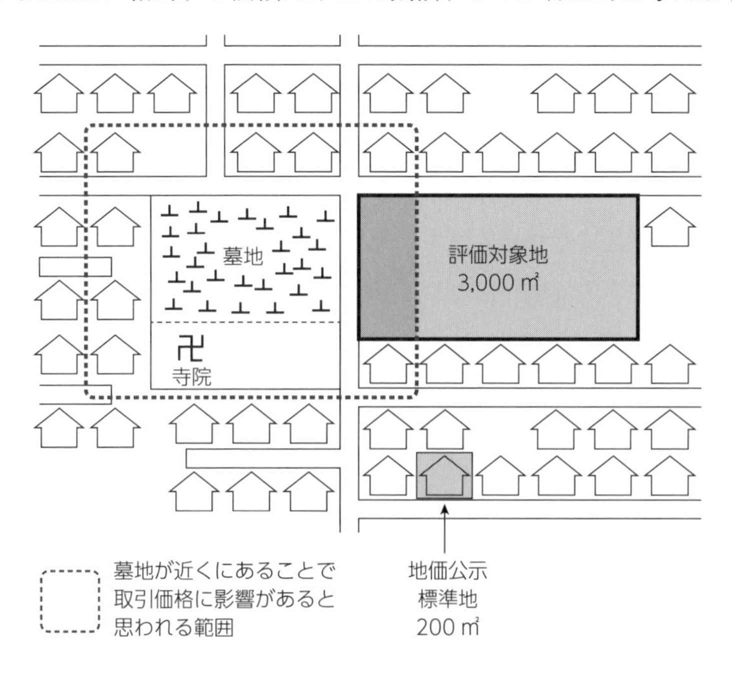


なお、墓地が近くにあることで利用価値が著しく低下しているかどうか、判断がなかなかつかない場合は、「自分だったら市場相場でこの土地を買うか、市場相場よりも安ければ買うか、安くならなければ買わないか」という視点でも検討してみることをお勧めします。

## 5-8 線路沿いの分譲マンションの１室の評価

**Q** 線路沿いにある１棟の分譲マンションの２部屋が相続財産です。１つは線路沿いに位置していて電車の音がうるさいのですが、もう１つは線路から離れた位置にあるのでほとんど電車の音は気になりません。２部屋とも騒音によって利用価値が著しく低下している宅地として10％減してもよいでしょうか？

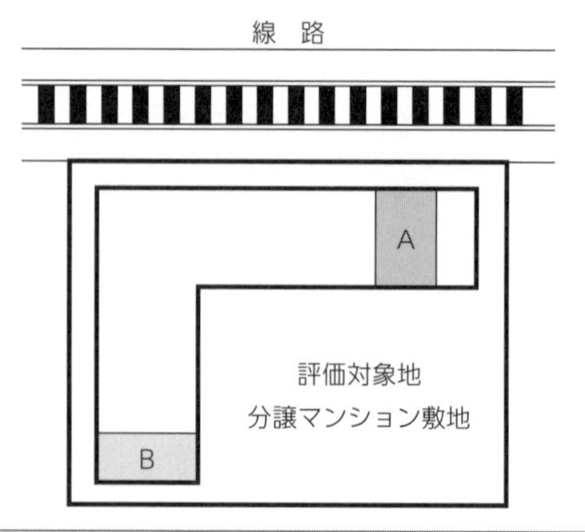


**A** 分譲マンションの1室が相続財産で、その敷地を評価する場合、図のＡの部屋は線路沿いなのでうるさいと感じるが、Ｂの部屋は線路から離れているのでうるさいと感じない、というようなケースがあります。このような場合、評価にあたっては、騒音が実際の取引価格に影響を及ぼすかどうかが減価すべきかどうかの判断ポイントとなると考えます。

Ｂの部屋は所在階が何階であっても、うるさくないので取引価格に影響しません。一方、Ａの部屋は例えば2階にあればかなりうるさいでしょうが、20階にあればほとんど電車の音は気にならないかもしれません。つまり、線路沿いの土地だからといって、分譲マンションの敷地全体を一律に減額するという考え方ではなく、実際に売買の単位となる部屋ごとに判断すべきと考えます。分譲マンションは部屋ごとに日当たりや階数によって取引単価は異なります。騒音も部屋ごとに聞こえ方が異なりますので、その度合いが取引価格に影響を及ぼします。よってご相談のケースでは現実の状況に応じて、例えばAの部屋はうるさいのでその敷地は10％評価減するが、Bの部屋はうるさくないのでその敷地は10％評価減しない、といった評価方針も考えられます。

なお、その部屋で窓を開けた状態の時にうるさいと感じるかどうかを現地で必ず確認するようにしてください。線路沿いだからといって一律に10％減するのではなく、実際に体感し、そして相続人等にヒアリングして、日常生活に影響を及ぼしている程度で判断するようにしましょう。騒音計で計測できるのであれば目安として60dB（デシベル）超は一般的にうるさいと感じますので減価する、60dB以下はうるさいとは感じないかもしれませんので減価しない、というように対処するのもひとつの方針です。参考ですが、騒音の程度は、40dBは図書館内、50dBは静かな事務所内、60dBはデパート店内、70dBは近くでのセミの鳴き声、80dBは近くでの救急車のサイレン、90dBはパチンコ店内、といわれています。もちろん騒音発生の頻度も加味して判断することが必要です。そして肝心なのは実際の取引価格に影響があるかどうかです。うるさいかどうかに神経が行き過ぎて「取引価格に影響がある場合に減価する」という原則を見失わないようにしてください。

# 6 税理士を悩ませる「倍率地域、固定資産税評価額、固定資産税路線価、近傍標準宅地単価」

## 6-1 倍率評価で固定資産税評価額を使わない場合の根拠

**Q** 固定資産税評価額に財産評価基本通達で規定されている減価要因が織り込まれていなければ、その固定資産税評価額は使わず、近傍標準宅地単価を使って評価した評価額を使う、ということですが、この根拠は通達や国税庁HP質疑応答事例などに記載されているのでしょうか？

**A** 「固定資産税評価額に財産評価基本通達で規定されている減価要因が織り込まれていなければ、その固定資産税評価額は使わない。」の根拠ですが、財産評価基本通達21-2但し書きを根拠としそれを準用して評価実務を行っています。

例えば、固定資産評価基準には「地積規模の大きな宅地の評価」と同じ要件の減価規定はありません。自治体ごとの評価規定においても500㎡以上又は1,000㎡以上という地積が「大きい」という減価要因として規定されているケースはあまり見受けられません。

つまり、地積規模の大きな宅地の評価→規定がないから織り込まれていない→織り込んで評価、となります。

一方、固定資産評価基準や自治体の規定があるにもかかわらず見落とし（ミス）により織り込まれていないケースもあります。この場合は、例えば、不整形の減価→規定があるのに見落としで織り込まれていない→織り込んで評価、となります。

また、固定資産評価基準に規定があるが財産評価基本通達と異なる規定のために固定資産税評価額が高止まりしているケースもあります。

宅地造成費が典型例ですが、固定資産税評価額の宅地造成費は傾斜度にかかわらず例えば一律@10,000控除されている場合があります。これに対し、財産評価基本通達では、例えば3度超5度以下の場合@20,300であれば、@20,300控除を織り込んで評価することになります。

いずれも固定資産税評価額に織り込まれていない原因が異なりますが、「適正に織り込まれていない」という事実は変わりません。よって、原因にかかわらず適正に織り込まれていないのであれば織り込んで評価しなければ、時価よりも高い評価額になる可能性があり、また課税の公平性も保てないと考えます。

なお、織り込んで評価する際の計算は、21-2但し書きに、普通住宅地区の補正率を採用する旨の記載がありますので、固定資産評価基準の補正率を使うのではなく、財産評価基本通達の補正率を使えばよいと考えます。

## 6-2　倍率表の借地権割合の欄が空欄の場合

**Q**　倍率地域の貸宅地ですが、倍率表の借地権割合の欄が空欄で記載がありません。借地権割合はゼロということでしょうか？ 貸宅地ですが、自用地評価になるのでしょうか？

**A**　結論からいいますと、借地権割合が空欄の場合は、借地権自体は評価しませんが、貸宅地として自用地価額の80％で評価します。

時価の観点からは、借地権の取引慣行がない地域であってもその場所を占有していることによる利益（いわゆる場所的利益）として土地利用権の評価をすることが多いのですが、財産評価基本通達に従った評価では、借地権の取引慣行がない地域では借地権価額はゼロとして扱います。

財産評価基本通達27（借地権の評価）のただし以降は以下のように記載されています。

「ただし、借地権の設定に際しその設定の対価として通常権利金その他の一時金を支払うなど借地権の**取引慣行があると認められる地域以外の地域にある借地権の価額は評価しない**。」

また、以下のような国税庁HPタックスアンサーの記載もありますので一度ご確認ください。

国税庁HPタックスアンサー

No. 4613　貸宅地の評価

https://www.nta.go.jp/taxes/shiraberu/taxanswer/hyoka/4613.htm

・借地権の目的となっている宅地

借地権とは、建物の所有を目的とする地上権または土地の賃借権をいいます。借地権の目的となっている宅地の価額は、次の算式で求めた金額により評価します。

この場合、借地権の取引慣行がないと認められる地域にある借地権の目的となっている宅地の価額は、次の算式の借地権割合を20パーセントとして計算します。

(算式)

自用地としての価額－自用地としての価額×借地権割合

## 6-3 農地転用許可を受けた畑の評価

**Q** 評価対象地は農地法第５条の農地転用許可を受けた畑ですが、倍率表では中間農地74倍となっています。「畑の固定資産税評価額×74」で評価しても問題ないでしょうか？

**A** 農地法第5条の農地転用許可を受けた畑は市街地農地になりますので、宅地比準方式での評価となります。ちなみに農地法第5条は転用目的で使用収益権を移転、設定する場合の規定、つまり「権利移動＋転用」です。例えば農地を宅地に転用する目的で売買する、といった場合に適用され、原則として都道府県知事の許可が必要となります。農地法第3条は「権利移動」、同法第4条は「転用」です。

中間農地は純農地よりも転用許可を受けているケースが多いように見受けられますので、相続開始日時点で農地転用許可を受けていたかどうかを念のため農業委員会や農業担当部署で確認するとよいでしょう。

## 6-4 元牧場の評価

**Q** 元々牧場でしたが現在は山林のようになっています。倍率地域で、登記地目、固定資産税課税地目ともに牧場です。牧場としての固定資産税評価額は82,000円、牧場の倍率は1.7倍です。評価は82,000円×1.7＝139,400円でよいのでしょうか？ それとも現況の状態を考慮して、山林で評価した方がよいでしょうか？

ちなみに市役所から山林としての評価証明書を出してくれるとの回答を得ています。

**A** 地目は現況による、という原則がありますので、牧場として利用するには相当費用がかかり、山林に近い状態になっているのであれば山林として評価する、という方針でよいでしょう。

市役所から山林としての評価証明書を出してもらえるということなので、評価額は「山林の評価額（もしくは純山林単価×地積）×純山林の倍率」となります。

また、牧場として再度利用することが容易な状態であれば牧場として「牧場の評価額×牧場の倍率1.7」で評価することも考えられます。

現地の状況からは判断がつかないということであれば、「牧場の評価額×牧場の倍率1.7」と、「山林の評価額（もしくは純山林単価×地積）×純山林の倍率」のどちらか低い方を採用するということでも時価の観点からは特に問題はないかと思います。

## 6-5 倍率地域で登記地目、固定資産税課税地目と現況地目が異なる場合

評価対象地は倍率地域にある宅地です。

[ケース1]

登記地目が「田」、課税地目が「宅地」です。この場合、固定資産税評価額×宅地の倍率で評価してよいでしょうか？

[ケース2]

登記地目が「田」、課税地目も「田」だが、現況は「宅地」という場合は、近傍標準宅地単価を基に計算すればよろしいでしょうか？

| | 登記地目 | 固定資産税<br>課税地目 | 現況地目 | 評価 |
|---|---|---|---|---|
| ケース1 | 田 | 宅地 | 宅地 | ? |
| ケース2 | 田 | 田 | 宅地 | ? |

A [ケース1]

登記地目が「田」、課税地目が「宅地」の場合は、「固定資産税評価額×宅地の倍率」で評価します。登記地目が現況（評価時点）地目と一致していない場合も多いので登記地目に関係なく現況地目で評価します。

[ケース2]

登記地目が「田」、課税地目が「田」、現況が「宅地」の場合は、固定資産税評価額は「田」の価額なので、「宅地」の評価には使わないことになります。この場合は近傍標準宅地単価×宅地の倍率からスタートする宅地比準方式での評価となります。倍率地域なので普通住宅地区の各種補正率（画地調整率）を適用します。

## 6-6 倍率地域にある農業用施設用地

**Q** 評価対象地は倍率地域にある農業用施設用地（農機具小屋）ですが、非線引きの都市計画区域内で、農業振興地域の農用地区域外、用途地域は定められていない地域に存するようです。具体的にどのような方針で評価すればよいのでしょうか？

**A** 農業用施設用地は宅地比準方式か農地比準方式のどちらかでの評価となります。

農用地区域又は市街化調整区域内にある農業用施設用地であれば農地比準方式での評価（財産評価基本通達24-5）です。

市街化調整区域外で「用途地域が定められている地域」にあれば宅地比準方式を採用しますが、ご相談の評価対象地は用途地域が定められていない地域ということで、周辺地域の標準的な利用は宅地か農地（田又は畑）かを現地又は航空写真等で確認します。

宅地比準方式での評価は、「近傍標準宅地単価×宅地の倍率」を路線価と同様に扱って普通住宅地区にあるものとして各種補正率（画地調整率）を適用します。さらに宅地化にあたって造成が必要と判断されれば宅地造成費を控除します。

農地比準方式での評価であれば、近傍農地の単価×畑（又は田）の倍率＋宅地造成費で評価します。

また、市街化調整区域内にあっても農用地区域外であれば、都市計画法第34条第11号の規定に基づく条例指定区域内かどうかを調査し、条例指定区域内であれば宅地比準方式を採用します。

## 6-7 登記地目、固定資産税課税地目、現況地目いずれも異なる倍率地域の土地評価

**Q** 評価対象地は倍率地域にある土地です。登記地目は原野、固定資産税評価額の課税地目は宅地、現況は雑種地です。このような場合は倍率表の倍率は原野（中間原野72倍）と宅地（1.1倍）のどちらの倍率を選択すればよいのでしょうか？

**A** 倍率地域の宅地の評価は、以下の低い方を採用すればよいと考えます。

① 宅地課税されている固定資産税評価額×宅地の倍率
② 近傍標準宅地単価×宅地の倍率×各種画地調整率（－宅地造成費）

ご相談の土地の固定資産税評価額の単価は@5,480、近傍標準宅地単価は全国地価マップでみると@6,850なので、固定資産税評価額は20%の減額で評価されていることがわかります。

もちろん、この固定資産税評価額は宅地の倍率を乗じる相手として使えますが、評価対象地は建物が建っていないのであれば宅地造成費の控除も可能ですので、不整形地補正等も検討して②の試算も行い、①と比較してみてください。20%の減額の内容（減価要因）はわかりませんので、①から宅地造成費を控除するのではなく、②の計算を行って判断するようにしてください。

# 7 税理士を悩ませる「無道路地」

## 7-1 接する私道に持分がない場合は無道路地か

**Q** 評価対象地は図のように行き止まり私道に接する宅地です。評価対象地に接する私道の筆（グレー着色部分）には共有持分がありますが、公道に接続する部分（斜線部分）には持分がなく、不動産業者が所有しています。評価対象地は不動産業者が所有している私道を通らなければ公道に出られません。このような場合、評価対象地は無道路地で評価するのでしょうか？

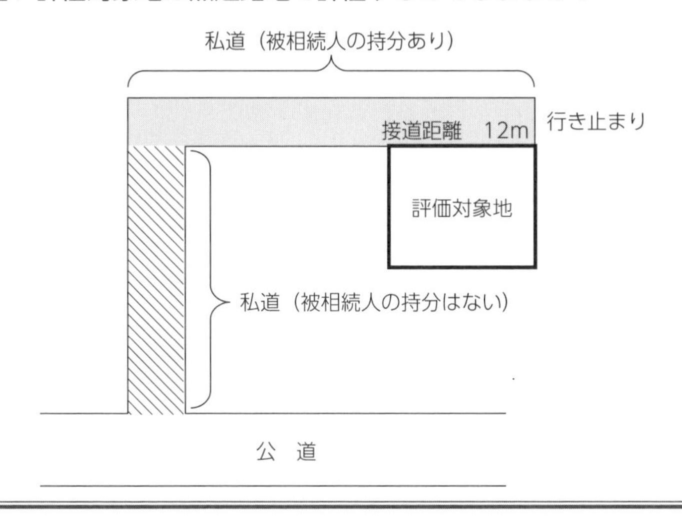

**A** 無道路地というのは、建築基準法上の道路に2m以上接しておらず、建物が建てられない土地又は既存建物の建替えができない土地です。

無道路地かどうかの判定には、私道の所有者は関係ありません。建築基準法上の道路であるかどうかがポイントです。

他人が所有している私道であっても、その道路が建築基準法上の道路であり、かつ接道義務を満たしていれば無道路地ではありません。

つまり、評価対象地に接する私道が、被相続人の持分の有無にかかわらず建築基準法上の道路であり、評価対象地に2m以上接していれば無道路地とはならないということです。

役所調査で必ず評価対象地に接する道路が建築基準法上の道路かどうかを確認し、現地で接道が2m以上あるかを調査してください。また、建築基準法上の道路でない場合でも、建築基準法第43条第2項の認定・許可要件を満たして建築可能かどうかまで調査して判断できるようにしてください。ご質問のケースでは公道に接続する私道全体が建築基準法上の道路かどうかを役所で調査して判断するようにしましょう。

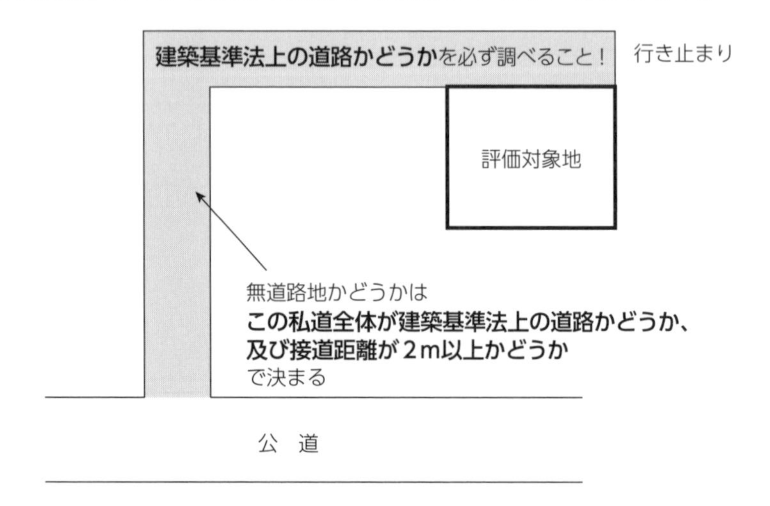

## 7-2 接道義務を満たしていない 1,200㎡の市街地農地

**Q** 評価対象地に面している道路は建築基準法上の道路ではなく、建築基準法第43条第2項の許可・認定要件を満たしません。これは無道路地としての評価でよいのでしょうか？

また、地積規模の大きな宅地の評価の適用要件は満たしますが、無道路地であれば宅地化できないということで、地積規模の大きな宅地の評価は適用不可ということになりますか？ そうだとすれば純農地としての評価でよいのでしょうか？

**A** 評価対象地に面している道路が建築基準法上の道路ではなく、建築基準法第43条第2項の許可・認定要件を満たさない土地、もしくは満たさない可能性が高い土地であれば無道路地としての評価となります。

建築基準法上の道路まで、「現実の利用状況に即して最短最小地積」で想定開設通路を設定して評価してください。

また、地積規模の大きな宅地の評価は「大きい」という要素だけの減価要因なので、宅地化の実現性までは考慮されていません。よって無道路地と重複適用可能ですので、要件を満たすようであれば規模格差補正率も乗じて計算してください。

さらに、面している道と高低差があれば、平坦地もしくは傾斜地の宅地造成費も控除可能ですので検証してください。

各種補正率（画地調整率）を乗じ、宅地造成費を控除して計算した結果、マイナスの値になる、もしくは純農地の価額を下回る、という場合は純農地としての評価となります。

## 7-3　無道路地評価における想定開設通路の取り方

無道路地評価における想定開設通路はどのように設定すればよいでしょうか？ 基本的な考え方があれば教えてください。

**A** 無道路地評価の想定開設通路は「現実の利用に即して、最短最小面積」で設定するのが基本です。

以下、国税不服審判所の裁決要旨を踏まえてのポイントとなりますのでご参照ください。

・評価対象地から建築基準法上の道路までの最短距離となる直線上に第三者の建物があれば、それを避けて設定する。
・実際に利用している建築基準法上の道路が2つある場合は、通路開設費用の価額の低くなる方の路線を正面路線とする。路線価の高い方を必ずしも正面とする必要はない。
・距離が最も近い建築基準法上の道路までの間に高低差等があり、現実には行き来できない場合は、距離が遠くても現実に利用している道路を正面路線とする。

裁決要旨の一部を以下に抜粋しますので参考にしてください。

財産評価基本通達20-2（筆者注：現20-3）は、通路開設費用は接道義務に基づき最小限度の通路を開設する場合のその通路に相当する部分の価額とする旨定めていることから、無道路地において実際に利用している路線が二つある場合は、開設通路の価額の低い方の路線が利用路線であると解するのが相当である。

（中略）

通路開設費用は接道義務に基づき最小限度の通路を開設する場合のその通路に相当する部分の価額とする旨定めているから、利用路線が二つある場合は、開設する通路に相当する部分の価額の少ない方の路線が利用路線であると解される。

（中略）

財産評価基本通達20-2（筆者注：現20-3）は、無道路地から利用路線まで最小限度の通路を開設するものとした場合に要する通路開設費用により無道路地の評価額を補正する旨定めているものの、評価対象地と利用路線との間に第三者の家屋が存する場合は当該家屋を含んだ通路を開設通路とすることは現実的ではないと解するのが相当である。

（平18. 5. 8 沖裁（諸）平17-17）

# 8 税理士を悩ませる「側方路線・裏面路線影響加算、正面路線の判定」

## 8-1 側方路線影響加算はしなくてよいのか

**Q** 評価対象地は角地で、一方は建築基準法第42条第1項第1号の道路で路線価が付いていますが、もう一方の道路は第42条第2項の道路（以下、2項道路という。）で路線価が付いていません。2項道路側はセットバックが必要ですが、路線価が付いていないので特定路線価を申請して側方路線影響加算すべきでしょうか？

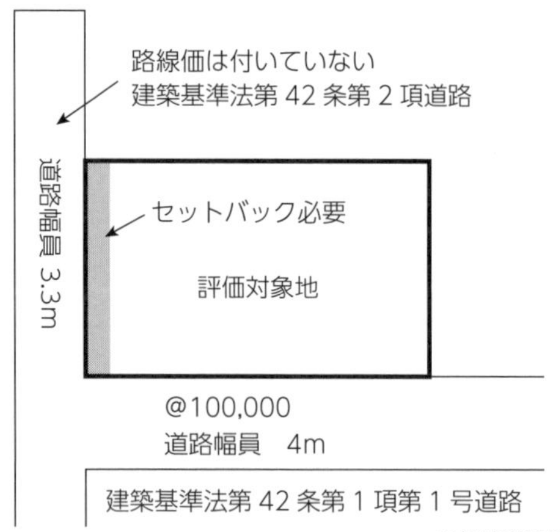


※相続税路線価を路線価と示しています。

**A** 結論からいいますと、ご相談の土地は、側方路線影響加算は行わず、2項道路に面する部分はセットバック減価を行って評価します。

路線価が付されているかどうかは、セットバック減価を行うかどうかとは関係がありません。そして、2項道路という建築基準法上の道路であれば路線価が付されるべきですが、付されていないということは税務署が土地の価値に影響しない道路と認識しているということです。よって、建築基準法上の道路に二方が接する角地なので時価の観点からは加算すべきといえますが、路線価が付されていないのであれば側方路線影響加算はしなくてよいということになります。

なお、「路線価の設定されていない道路のみに接している宅地を評価する必要がある場合」に特定路線価は設定可能（財産評価基本通達14-3）とされています。ご相談のケースは@100,000という路線価に接していますので、特定路線価を設定してもらって側方路線影響加算する、ということは不要です。中間画地（一方だけ道路に接している土地）として評価すればそれで結構です。拙著「税理士を悩ませる相続・贈与の土地評価Q＆A 100選」のP.164～165［13-4］「路線価の付されていない2項道路のセットバック減価は可能か」でも解説しておりますので、併せてご確認頂ければ幸いです。

## 8-2 準角地か

Q 評価対象地は道路に対して図のように位置しています。これは「準角地」としてみないといけないのでしょうか？

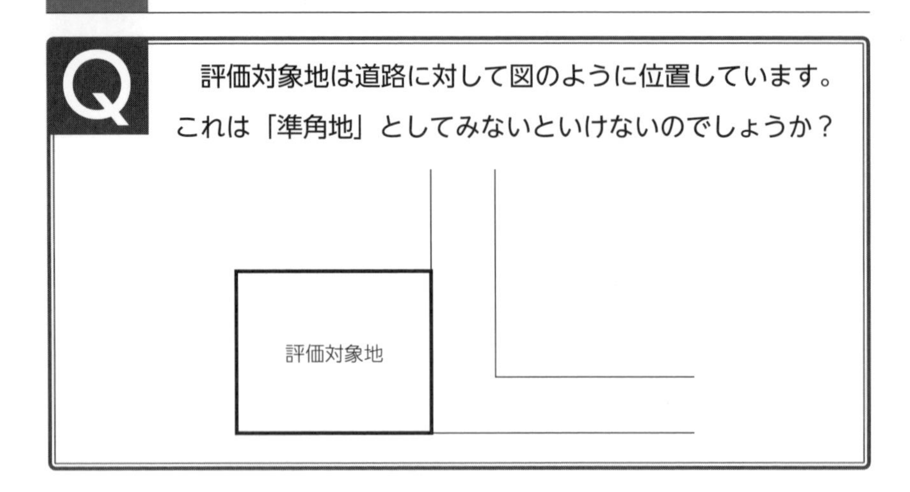


A このような場合、評価対象地は「準角地」にはなりません。したがいまして、評価対象地は一方だけ道路に接している「中間画地」として評価します。

準角地は次の図のように評価対象地の向かい側の土地、つまり屈折路の内側に位置する土地です。これに対し、角地は三差路又は十字路の角に位置する土地です。

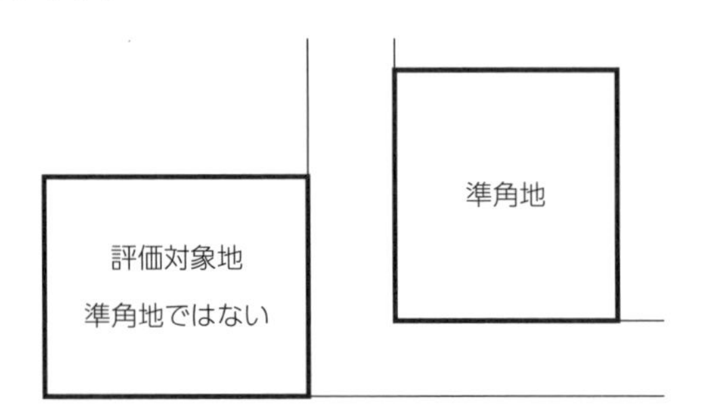

接する道路が図では90度で曲がっていますが、この角度が90度超の場合は、角地の場合の目安と同様に、120度以内なら準角地、120度超なら中間画地、とするのが建築基準法と各自治体の建築基準法施行条例に沿ったひとつの考え方です。

この基準の角度が150度という行政区域もありますので、評価対象地のある役所（建築指導課など）で確認し、120度をひとつの目安にするとよいと思います。角地の場合も同様に考えれば結構です。

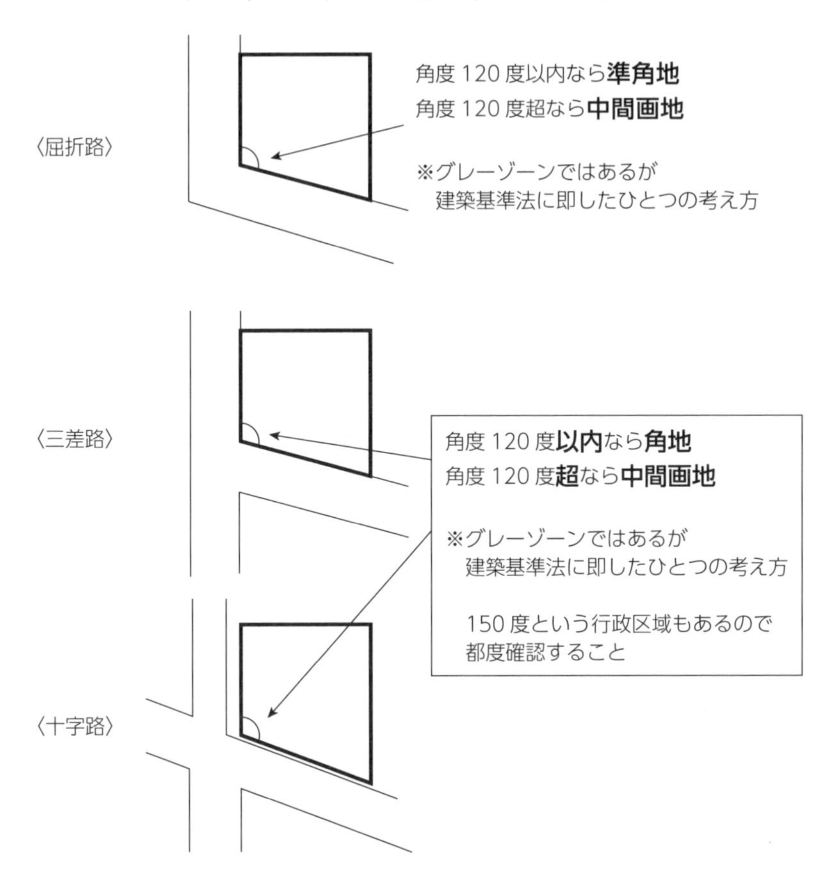

ちなみに角地は建ぺい率がプラス（10％又は20％）されます（建築基準法第53条第3項)。価値が高くなるので評価においても側方路線影響加算するということが規定されています。評価において側方路線加算を行う意味も理解しておくとよいと思います。

## 8-3 旗竿状の二方路地の正面路線判定

**Q**

評価対象地は普通住宅地区にある旗竿状の二方路地です。路地部分の方は路線価@140,000の道路に接しており、こちら側に門扉と玄関があります。接している距離の長い方（路地部分でない方）は路線価@135,000の道路に接しており、この道路と評価対象地との間には高低差がありますが、駐車場スペース部分とは等高に接しています。

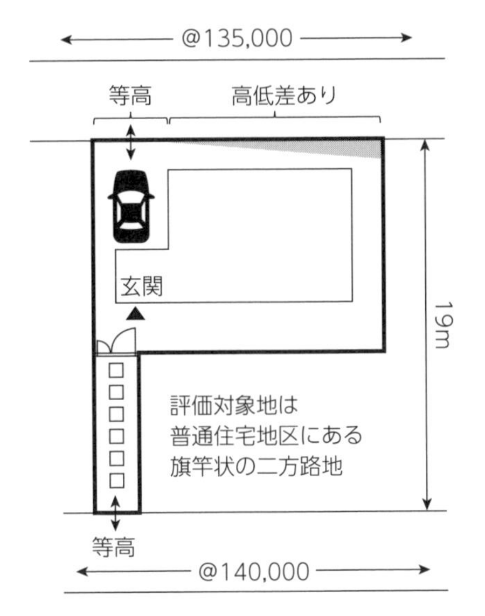


このようなケースは、国税庁HP質疑応答事例「路線価の高い路線の影響を受ける度合いが著しく少ない場合の評価」のケースに該当するとして@135,000の道路を正面路線として評価してよいでしょうか？

※相続税路線価を路線価と示しています。

国税庁HP質疑応答事例

**路線価の高い路線の影響を受ける度合いが著しく少ない場合の評価**

https://www.nta.go.jp/law/shitsugi/hyoka/03/07.htm

【照会要旨】

次の図のように路線価の高い方の路線の影響を受ける度合いが著しく少ない場合であっても、その路線価の高い路線を正面路線として評価しなければならないのでしょうか。

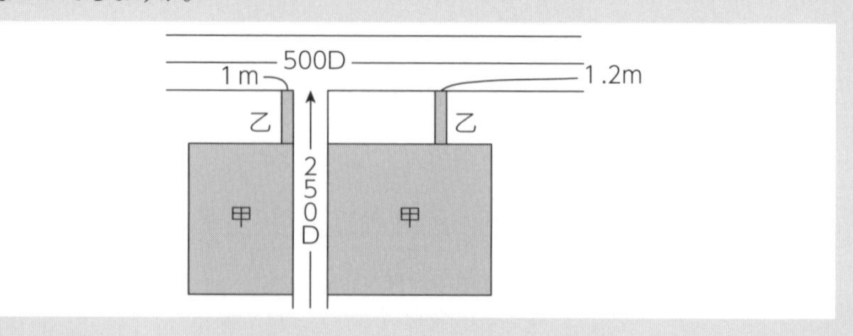


【回答要旨】

正面路線とは、原則として、路線価に奥行価格補正率を乗じて計算した金額の最も高い路線をいうこととされています。しかし、図のように間口が狭小で接道義務を満たさないなど正面路線の影響を受ける度合いが著しく低い立地条件にある宅地については、その宅地が影響を受ける度合いが最も高いと認められる路線を正面路線として差し支えありません。

なお、上記のような帯状部分を有する土地は、帯状部分（乙）とその他の部分（甲）に分けて評価した価額の合計額により評価し、不整形地としての評価は行いません。

**A** 路線価の高い方の道路は、門扉と玄関につながる通路に接しており、このようないわば土地の「正面」として使われている部分が、「路線価の高い路線の影響を受ける度合いが著しく少ない」とはいえません。路地部分は有効に活用されており、なくてはならない部分と捉えられます。

したがいまして二方に面した土地として、「路線価×奥行価格補正率」の高い方を正面路線として判定し、裏面路線は裏面路線影響加算をします。

このようなケースでは路線価の高い方が正面路線となっても、接道部分の間口距離が4ｍ未満で間口狭小補正率が0.9になるケースが多いと思われます。不整形地補正率でも大きく減額されますので、結果的に路線価の低い方を正面路線として評価するよりも、路線価の高い方を正面路線とする方が低い評価額となるケースも多いように思います。

評価対象地が複数の路線に接している場合は、各路線から想定整形地を作って、「路線価×奥行価格補正率」により正面路線を判定して評価を進めてください。

## 8-4 不整形な二方路地の正面路線の判定

**Q** 評価対象地は二方路地ですが、どちらが正面路線となるのでしょうか？ 路線価に奥行価格補正率を乗じた数値はA路線もB路線も同じです。不整形地補正率まで考慮すると、B路線を正面路線として計算した方が、評価額が低くなります。そのような判定の仕方でよろしいでしょうか？

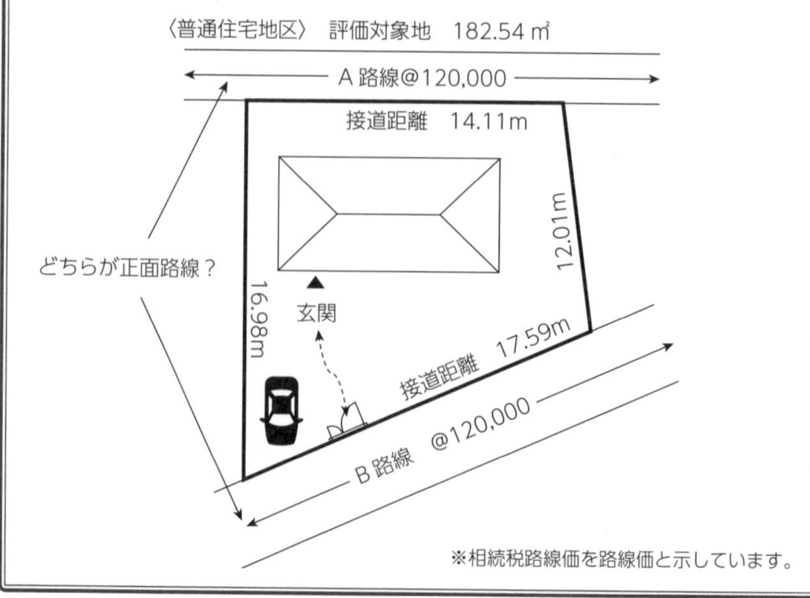


※相続税路線価を路線価と示しています。

**A** ご相談のケースでは、路線価に奥行価格補正率を乗じた数値、つまり評価明細書のＡ欄の数値がＡ路線とＢ路線で同じになる、ということなので、その次の判断基準は「路線に接する距離が長い方」を正面路線とする、ということになります。したがいまして、接道距離が長いＢ路線が正面路線となります。

評価明細書のB欄（二路線に面する宅地）、C欄（三路線に面する宅地）、D欄（四路線に面する宅地）、F欄（不整形地）などの値や想定整形地の面積が最小になる路線かどうかは関係ありません。

正面路線の判定は、路線価に奥行価格補正率を乗じた数値が大きくなる路線でまずは判定し、同額になる場合は路線に接する距離で判断してください。

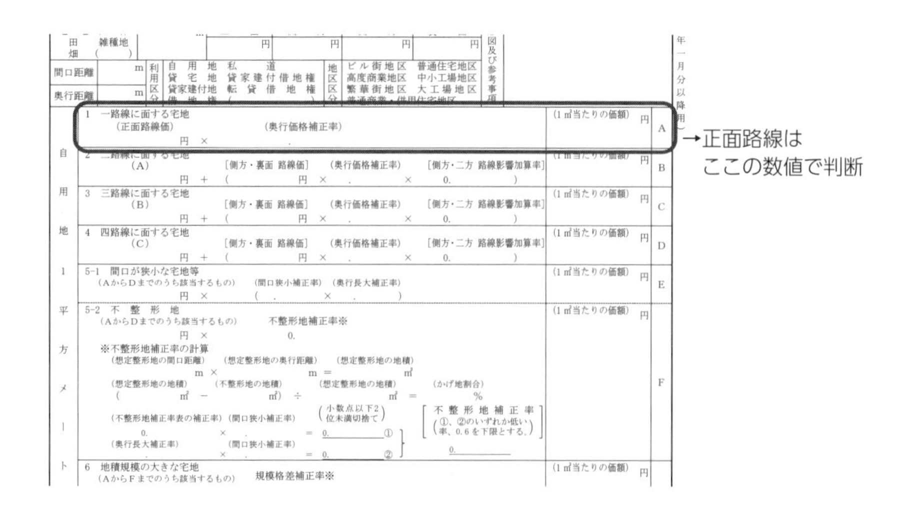

| | | | | | |
|---|---|---|---|---|---|
| 田 畑 | 雑種地 （　　） | | 円 | 円 | 円 円 |
| 間口距離 | m | 利用区分 | 自用地　私道<br>貸宅地　貸家建付借地権<br>貸家建付地　転貸借地権<br>借地権（　　） | 地区区分 | ビル街地区　普通住宅地区<br>高度商業地区　中小工場地区<br>繁華街地区　大工場地区<br>普通商業・併用住宅地区 |
| 奥行距離 | m | | | | |

図及び参考事項

（　年　月分以降用）

| | | | |
|---|---|---|---|
| 自用地1平方メートル | 1　一路線に面する宅地<br>（正面路線価）　（奥行価格補正率）<br>円　×　. | （1㎡当たりの価額）円 | A |
| | 2　二路線に面する宅地<br>（A）　［側方・裏面 路線価］　（奥行価格補正率）　［側方・二方 路線影響加算率］<br>円　＋　（　円　×　.　×　0.　） | （1㎡当たりの価額）円 | B |
| | 3　三路線に面する宅地<br>（B）　［側方・裏面 路線価］　（奥行価格補正率）　［側方・二方 路線影響加算率］<br>円　＋　（　円　×　.　×　0.　） | （1㎡当たりの価額）円 | C |
| | 4　四路線に面する宅地<br>（C）　［側方・裏面 路線価］　（奥行価格補正率）　［側方・二方 路線影響加算率］<br>円　＋　（　円　×　.　×　0.　） | （1㎡当たりの価額）円 | D |
| | 5-1　間口が狭小な宅地等<br>（AからDまでのうち該当するもの）　（間口狭小補正率）　（奥行長大補正率）<br>円　×　（　.　×　.　） | （1㎡当たりの価額）円 | E |
| | 5-2　不　整　形　地<br>（AからDまでのうち該当するもの）　不整形地補正率※<br>円　×　0.<br>※不整形地補正率の計算<br>（想定整形地の間口距離）　（想定整形地の奥行距離）　（想定整形地の地積）<br>m　×　m　＝　㎡<br>（想定整形地の地積）　（不整形地の地積）　（想定整形地の地積）　（かげ地割合）<br>（　㎡　－　㎡）　÷　㎡　＝　%<br>（不整形地補正率表の補正率）（間口狭小補正率）　（小数点以下2位未満切捨て）<br>0.　×　.　＝　0.　①<br>（奥行長大補正率）　（間口狭小補正率）<br>.　×　.　＝　0.　②<br>［不整形地補正率（①、②のいずれか低い率、0.6を下限とする。）］<br>0. | （1㎡当たりの価額）円 | F |
| | 6　地積規模の大きな宅地<br>（AからFまでのうち該当するもの）　規模格差補正率※ | （1㎡当たりの価額）円 | |

## 8-5 建築確認と固定資産税評価の正面路線の取り方が異なっている場合の正面路線の判定

**Q** 評価対象地は水路を介して接道している建築基準法第42条第1項第1号道路（A路線）と、2項道路（B路線）の間に位置しています。

建築計画概要書をみると、B路線の接道（正面路線）で建築確認をとっていますが、これに対し固定資産税評価額はA路線を正面路線として評価されています。このような場合、どちらを正面路線と考えればよいでしょうか？

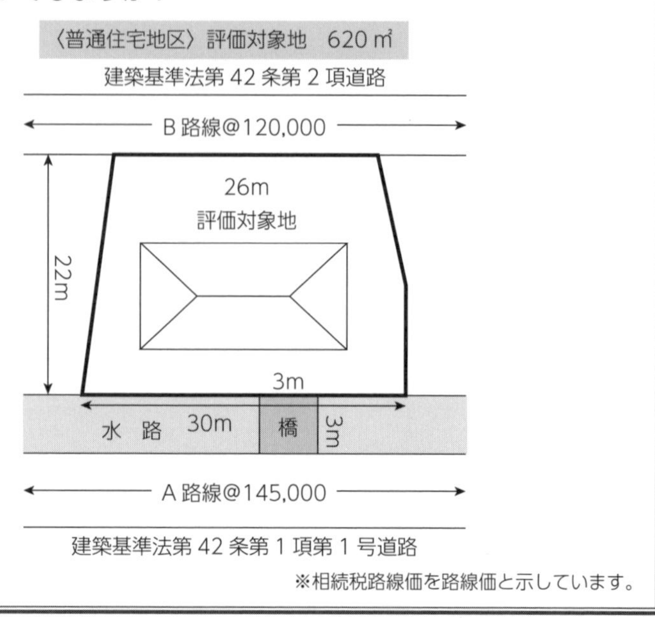


※相続税路線価を路線価と示しています。

**A** まず、水路上の幅3mの橋をかけるにあたって、水路（河川）占用許可をとっているかどうかを、役所の河川管理課、管財課などで調査してください。

占用許可をとっていて、適法に水路を占用しているのであれば、接道していると捉えます。許可なく橋をかけている、もしくは許可なくかけられた橋を使っている、という場合は違法なので、ないものとして扱えばよいと考えます。

水路の占用許可をとっていない場合は、B路線を正面路線として、裏面路線影響加算をしない中間画地（一方だけ道路に接している土地）としての評価となります。

水路の占用許可をとっている場合は、橋の部分も接道していることになり、二方路地となりますので、正面路線（路線価×奥行価格補正率の高い方が正面）を判定して裏面路線影響加算して評価します。具体的には、A路線を正面とした場合は、奥行距離は25m（水路3m＋22m）、奥行価格補正率は0.97となりますので、@145,000×0.97＝@140,650、一方、B路線を正面とした場合は、奥行距離は22m、奥行価格補正率は1.00となりますので、@120,000×1.00＝@120,000となります。よって正面路線はA路線となります。なお、裏面（側方）路線の影響加算は計算式の最後で、「裏面（側方）路線の間口距離/裏面（側方）路線からみた想定整形地間口距離」を乗じます。ご相談の事例では、B路線が裏面路線であり、裏面路線の間口距離は26m、裏面路線からみた想定整形地間口距離は30mですので「26/30」となります。乗じ忘れるケースが散見されますのでご注意ください。

# 9 税理士を悩ませる「役所調査」

## 9-1 役所調査の際、窓口で幅員 3.7 mの市道が建築基準法第42条第1項第1号道路と言われた場合

**Q** 正面路線の幅員を現地で測ると3.7mでしたが、役所の建築指導課では建築基準法第42条第1項第1号道路と言われました。「第1項第1号は4m以上の公道」と認識していましたが、3.7mでも第1項第1号道路に指定されることがあるのでしょうか？ また、セットバックなどの減価は可能でしょうか？

**A** 道路の幅員が3.7mでも役所で「1項1号」といわれたらすかさず、「3.7mなのに1項1号というのはどういうことですか」「2項道路ではないのですか」「セットバックは必要ですか」と切り返すようにしてください。減価が必要かどうかはこの質問に対する役所の答え次第ということになります。

つまり、可能性としては2パターン考えられます。

> パターン①
> 認定幅員、管理幅員は4mだが、現地ではアスファルト舗装部分が3.7m、未舗装部分が0.3mであり、未舗装部分も含めて市道管理しているため、セットバック不要というパターン

パターン②
　市道で幅員3.7 mの2項道路であって、1項1号というのは誤りであり、セットバックが必要というパターン（市道の2項道路もあるが、市道はすべて1項1号と役所の担当者が勘違いしている可能性もあり）

以上を踏まえ、もう一度現地の舗装状況と幅員を確認し、役所でも再調査してみてください。

## 9-2 役所調査は実際に役所庁舎の窓口に行った方がよいのか

**Q** 市役所などのホームページで、用途地域や容積率、都市計画道路などの情報を入手できるので、役所の庁舎に行かなくてもよいと思うのですが、やはり実際に行った方がよいのでしょうか？

**A** 確かに役所のホームページで、容積率、都市計画道路予定地など、評価上の減価につながる情報を簡単に得ることができます。実際に役所の庁舎には行かなくても評価できる土地もあります。しかし、行かないと入手できない以下のような情報も数多くあります。

・市街化調整区域内の土地の建築可能か不可かの判断のための根拠（しんしゃく割合の判断）
・都市計画道路予定地の地積割合の判定のための図面
・セットバックが必要かどうか、及びセットバック距離の情報
・評価単位判定の根拠となる資料（建築計画概要書等の写しの入手）
・接道しているかどうかの判定資料（道路位置指定申請図、開発登録簿、建築計画概要書等の写しの入手）
・倍率地域の土地の固定資産税評価額がそのまま使えるかどうかの確認（典型的な例は地積規模の大きな宅地の減価が固定資産税評価額に織り込まれていないケース）

役所調査の必要性を感じない方は、土地評価実務の経験の浅い方や都市計画法、建築基準法の知識がまだ少ない段階の方だと思われます。

役所のホームページで確認できたとしても実際に役所に足を運んでみて、経験を積めば知識も増え、

・減価要因の発見

・役所に行くことで評価作業が楽になる

・倍率地域の土地の過大評価を防ぐ

といったメリットを感じられるようになるでしょう。ぜひ役所に足を運んで窓口の担当者と会話して資料を入手してみてください。

## 9-3　役所の窓口で都市計画道路は整備済みと言われた場合

役所の窓口で「都市計画道路がありますが、整備済みです」と言われました。この場合、減価はできないのでしょうか？

A　都市計画道路の整備済みというのは、用地買収が終わって拡幅整備された後、ということです。評価対象地内に都市計画道路予定地はない、ということになりますので減価は必要ありません。

なお、都市計画道路予定地の補正率は令和3年6月に改正され、令和3年1月1日以降の課税分に適用されています。評価システムを使っていらっしゃる先生方にとっては、補正率はアップデートされていると思いますので問題ありませんが、評価明細書を手書きで作成されていらっしゃる先生は特にご注意ください。次頁に新旧対照表を記載しておりますので、ご確認ください。

# 新　旧　対　照　表

（注）下線を付した部分が改正部分である。

## 改　正　後

第２章　土地及び土地の上に存する権利
第２節　宅地及び宅地の上に存する権利

（都市計画道路予定地の区域内にある宅地の評価）

24－７　都市計画道路予定地の区域内（都市計画法第４条第６項に規定する都市計画施設のうちの道路の予定地の区域内をいう。）となる部分を有する宅地の価額は、その宅地のうちの都市計画道路予定地の区域内となる部分が都市計画道路予定地の区域内となる部分でないものとした場合の価額に、次表の地区区分、容積率、地積割合の別に応じて定める補正率を乗じて計算した価額によって評価する。

| 地区区分／容積率／地積割合 | ビル街地区、高度商業地区 | | 繁華街地区、普通商業・併用住宅地区 | | | | 普通住宅地区、中小工場地区、大工場地区 | | |
|---|---|---|---|---|---|---|---|---|---|
| | 700%未満 | 700%以上 | 300%未満 | 300%以上400%未満 | 400%以上500%未満 | 500%以上 | 200%未満 | 200%以上300%未満 | 300%以上 |
| 30%未満 | 0.88 | 0.85 | 0.97 | 0.94 | 0.91 | 0.88 | 0.99 | 0.97 | 0.94 |
| 30%以上60%未満 | 0.76 | 0.70 | 0.94 | 0.88 | 0.82 | 0.76 | 0.98 | 0.94 | 0.88 |
| 60%以上 | 0.60 | 0.50 | 0.90 | 0.80 | 0.70 | 0.60 | 0.97 | 0.90 | 0.80 |

（注）地積割合とは、その宅地の総地積に対する都市計画道路予定地の部分の地積の割合をいう。

## 改　正　前

第２章　土地及び土地の上に存する権利
第２節　宅地及び宅地の上に存する権利

（都市計画道路予定地の区域内にある宅地の評価）

24－７　都市計画道路予定地の区域内（都市計画法第４条第６項に規定する都市計画施設のうちの道路の予定地の区域内をいう。）となる部分を有する宅地の価額は、その宅地のうちの都市計画道路予定地の区域内となる部分が都市計画道路予定地の区域内となる部分でないものとした場合の価額に、次表の地区区分、容積率、地積割合の別に応じて定める補正率を乗じて計算した価額によって評価する。

| 地区区分／容積率／地積割合 | ビル街地区、高度商業地区 | | | 繁華街地区、普通商業・併用住宅地区 | | | 普通住宅地区、中小工場地区、大工場地区 | |
|---|---|---|---|---|---|---|---|---|
| | 600%未満 | 600%以上700%未満 | 700%以上 | 300%未満 | 300%以上400%未満 | 400%以上 | 200%未満 | 200%以上 |
| 30%未満 | 0.91 | 0.88 | 0.85 | 0.97 | 0.94 | 0.91 | 0.99 | 0.97 |
| 30%以上60%未満 | 0.82 | 0.76 | 0.70 | 0.94 | 0.88 | 0.82 | 0.98 | 0.94 |
| 60%以上 | 0.70 | 0.60 | 0.50 | 0.90 | 0.80 | 0.70 | 0.97 | 0.90 |

（注）地積割合とは、その宅地の総地積に対する都市計画道路予定地の部分の地積の割合をいう。

# 10 税理士を悩ませる「路線価、特定路線価」

## 10-1 なぜ建築基準法上の道路でないのに路線価が付いているのか

**Q** 評価対象地の側方路線は建築基準法上の道路ではありませんが、路線価が付いています。なぜ、建築基準法上の道路でないのに路線価が付いているのでしょうか？

**A** 路線価の設定については、財産評価基本通達14に「『路線価』は、宅地の価額がおおむね同一と認められる一連の宅地が面している路線（不特定多数の者の通行の用に供されている道路）ごとに設定する。」とあります。つまり、路線価は公道・私道に関係なく、また建築基準法上の道路かどうかも関係なくだれでも通行できる道路であれば路線価が付されるということです。建築基準法上の道路でない通路に路線価が設定されている場合は税務署に「この路線価は適切でない」と申し出ると翌年からその路線価が消されることもあります。

路線価が付されていても建築基準法上の道路かどうかを調査し、また道路幅、現実の利用状況、高低差等をしっかりと現地で把握して「正面路線として採用しない」「側方路線影響加算しない」「二方路線影響加算しない」など適切に判断してください。拙著「税理士を悩ませる相続・贈与の土地評価Q＆A 100選」のP.121［8-1］「建築基準法上の道路ではない側方路線の影響加算はすべきか」でも解説しておりますので、併せてご確認頂ければ幸いです。

## 10-2 建築基準法上の道路ではない道に路線価が付いている場合

**Q** 評価対象地は南側で路線価の付いていない公道に接しています。東側は路線価（@55,000）が付いていますが、公道ではなく建築基準法上の道路でもありません。東側を正面路線としてこの路線価（@55,000）を使って評価してよいものでしょうか？

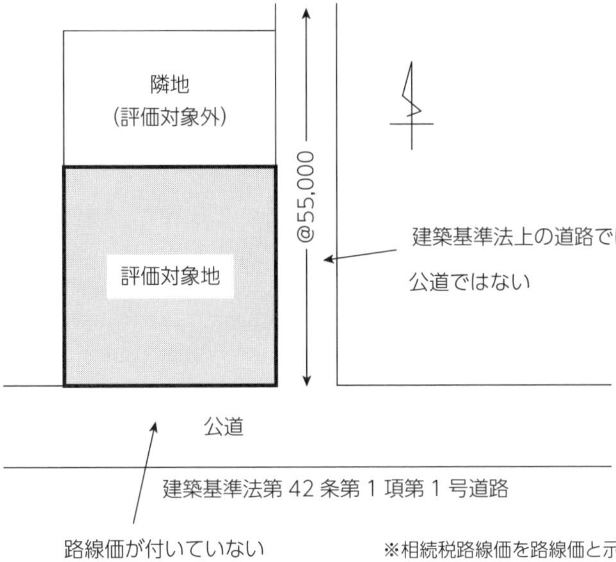

**A** 結論からいいますと、かなり違和感がありますが、東側道路の路線価を使って評価するのが、時価及び作業効率を考えるとベターかと思います。

固定資産税路線価の比でみますと、南側道路に本来付いているべき相続の路線価は、@58,000程度と想定されます。

したがいまして、評価対象地は南側道路に面した中間画地として@58,000程度で評価されるべきですが、この路線価は付いていません。よって想定される南側道路の路線価よりも低い東側道路の@55,000を使って、中間画地として評価すればよいでしょう。

なお、北側隣地は接道義務を満たしておらず、建築基準法第43条第２項の許可・認定の要件も満たさない場合は無道路地となります。この北側隣地が評価対象地だった場合@55,000を使って評価すれば過大評価となる可能性があります。したがいまして、南側道路に特定路線価を設定してもらうのがよいでしょう。特定路線価の設定は、路線価の付いていない道路にのみ接している場合に設定申請が受け付けられますので、正面路線（東側道路）に路線価がある北側隣地の場合、原則として特定路線価は設定してもらえません。しかし税務署に状況を説明して理解してもらい、南側道路に特定路線価を設定してもらって、南側道路を正面路線として無道路地の評価を行うのがよいでしょう。

## 10-3 特定路線価を設定しないと否認されるのか

**Q** 最近、「特定路線価を設定できる道路なのに設定申請しないで、至近の路線価を使って評価すると否認される」とよく聞きます。特定路線価は設定しないとダメなのでしょうか？

**A** 特定路線価の設定は「できる」という規定なので、必ず設定しなければならないわけではありません。

「至近の路線価を使って評価すると否認される」という場合は特定路線価を使わない評価のやり方・手順が誤っていて恣意的に評価額を下げていると税務署に捉えられているからだと思われます。特定路線価を設定しなくとも、適切なやり方で評価すれば否認されることはないと思います。

具体的には、図のようなケースで想定整形地を点線の長方形で設定すべきところ、一点鎖線で設定した場合に否認されている可能性があると思われます。グレーゾーンではありますが、想定整形地を一点鎖線で設定した場合、不整形地補正率が限度の0.6に近い値にまで下がるケースが多く、これが「適切でない」という印象を与えている可能性があります。

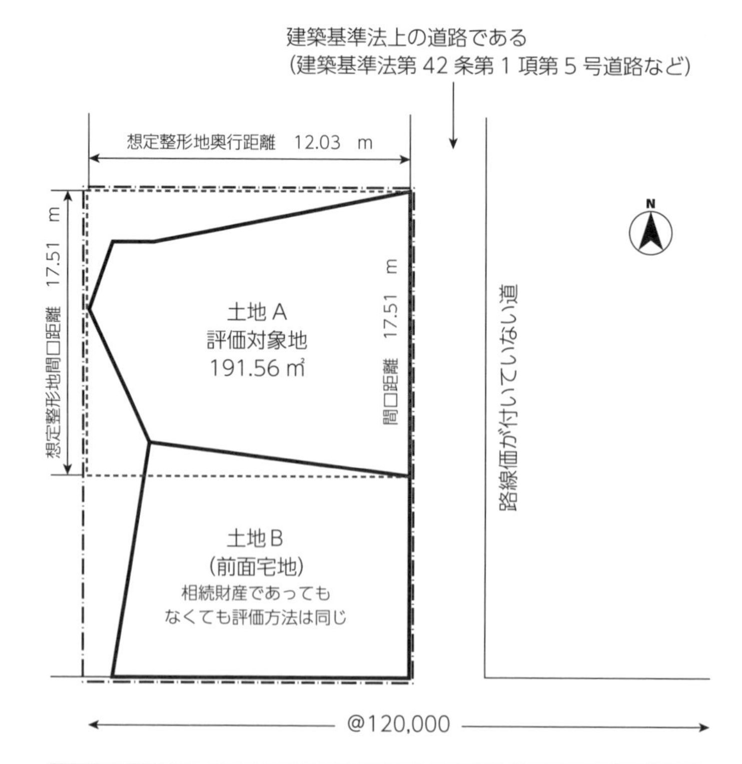


路線価は@120,000を採用するのに想定整形地は路線価のない道路からとる、というやり方に違和感を持つ方も一定数いらっしゃると思います。想定整形地は正面路線から描くから一点鎖線が正しい想定整形地だという考えもあるとは思います。しかし、この図の評価対象地（土地A）は接する道路に路線価が付いていないだけであって、無道路地ではありません。接道義務を満たしている「普通」の土地です。つまり厳密にいえば、正面路線は、路線価のない道路です。そして、不整形の度合い、つまり評価対象地がどの程度変形しているかの度合いは点線でみる

べきで、一点鎖線ではないと考えます。よって想定整形地も接する道路から垂線を描いて作る点線で設定すべきと考えます。

特定路線価の設定申請をすべきかどうかのシミュレーション時の参考にしてみてください。

本書のP.132～134［17-1］「正面路線に路線価が付いていない場合の想定整形地の取り方」でも同様の論点を採り上げていますので、ご参照ください。

# 11 税理士を悩ませる「権利の付着している土地」

## 11-1 土地賃貸借契約が締結されている元水路が介在する工場敷地の評価

**Q** 工場敷地に市が所有する元水路が介在しており、市と土地賃貸借契約が締結され工場敷地の一部として利用されています。評価時点の契約残期間は約３年です。このような場合、どのように評価すればよいですか？

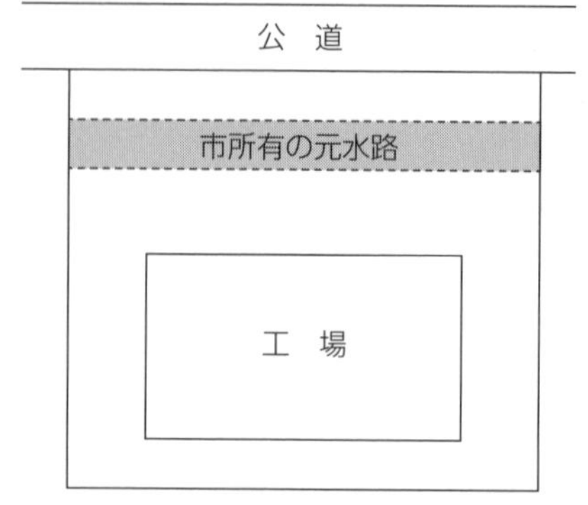


**A** 元水路を市から賃借している場合は、評価対象地の価額に元水路の賃借権価額をプラスして算出します。

具体的には、以下の流れになります。

① 元水路を含めて自用地評価額を算出
② 面積按分で元水路の自用地価額を算出

③　評価時点の契約残期間３年に応じた地上権に準ずる賃借権以外の賃借権の割合2.5％を②に乗じ賃借権の価額を算出
④　最終評価額は①－②＋③

なお、元水路部分を賃貸借ではなく、知らずに占有している場合は、元水路を含めて評価し、元水路部分の払い下げ価額を控除する、という流れになります。

## 11-2 借地権の上に建っている賃貸併用住宅

**Q** 評価対象は借地権ですが、その上に1階自用、2、3階賃貸の建物が建っています。地積を建物床面積の賃貸部分と自宅部分で按分して、賃貸部分は貸家建付借地権として評価し、自宅部分は借地権として評価する、という流れで問題ないでしょうか？

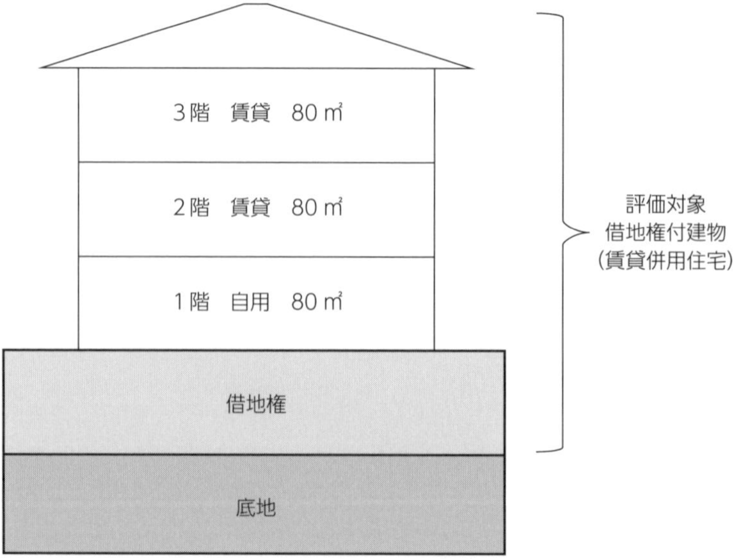

3階　賃貸　80㎡
2階　賃貸　80㎡
1階　自用　80㎡
借地権
底地
評価対象
借地権付建物
（賃貸併用住宅）

**A** 考え方としては正しいのですが、計算上は地積を建物床面積の賃貸部分と自宅部分で按分したりする必要はありません。賃貸併用住宅が建っている場合の借地権は、貸家建付借地権として評価明細書では第2表の「U」欄、「V」欄で計算します。賃貸部分と自宅部分は賃貸割合でシンプルに処理できます。ご質問のケースでは賃貸割合「160/240」となります。

| | | | | |
|---|---|---|---|---|
| 総額計算に | 宅地 | 円 ×（1− 0.　　） | | R |
| | 貸家建付地 | （自用地の評価額又はT）　（借地権割合）（借家権割合）（賃貸割合）<br>円 ×（1− 0.　　×0.　　×$\frac{m^2}{m^2}$） | 円 | S |
| | （　権の目的となっている土地） | （自用地の評価額）　（　　割合）<br>円 ×（1− 0.　　） | 円 | T |
| | 借地権 | （自用地の評価額）　（借地権割合）<br>円 × 0. | 円 | U |
| | 貸家建付借地権 | （U,ABのうちの該当記号）　（借家権割合）　（賃貸割合）<br>（　）<br>円 ×（1− 0.　　×$\frac{m^2}{m^2}$） | 円 | V |
| | 転貸借地権 | （U,ABのうちの該当記号）　（借地権割合）<br>（　）<br>円 ×（1− 0.　　） | 円 | W |
| | 転借… | （U,V,ABのうちの該当記号）　（借地権割合）<br>（　） | 円 | X |

# 11-3 複利表に記載のない場合

**Q** 一般定期借地権の設定された分譲マンションの敷地を評価しています。借地権の設定期間は75年ですが、評価の際に使う複利表には70年までしか掲載がありません。この場合、70年の数値を使えばよいのでしょうか？

〔参考３〕

**複　　利　　表**（令和5年3・4・8・9月分）

| 区分 | 年数 | 年0.01%の複利年金現価率 | 年0.01%の複利現価率 | 年0.01%の年賦償還率 | 年1.5%の複利終価率 |
|---|---|---|---|---|---|
| 短期 | 1 | 1.000 | 1.000 | 1.000 | 1.015 |
| | 2 | 2.000 | 1.000 | 0.500 | 1.030 |

| 区分 | 年数 | 年0.1%の複利年金現価率 | 年0.1%の複利現価率 | 年0.1%の年賦償還率 | 年1.5%の複利終価率 |
|---|---|---|---|---|---|
| 中期 | 3 | 2.994 | 0.997 | 0.334 | 1.045 |
| | 4 | 3.990 | 0.996 | 0.251 | 1.061 |
| | 5 | 4.985 | 0.995 | 0.201 | 1.077 |
| | 6 | 5.979 | 0.994 | 0.167 | 1.093 |

| 区分 | 年数 | 年0.75%の複利年金現価率 | 年0.75%の複利現価率 | 年0.75%の年賦償還率 | 年1.5%の複利終価率 |
|---|---|---|---|---|---|
| 長期 | 7 | 6.795 | 0.949 | 0.147 | 1.109 |
| | 8 | 7.737 | 0.942 | 0.129 | 1.126 |
| | 9 | 8.672 | 0.935 | 0.115 | 1.143 |
| | 10 | 9.600 | 0.928 | 0.104 | 1.160 |
| | 11 | 10.521 | 0.921 | 0.095 | 1.177 |
| | 12 | 11.435 | 0.914 | 0.087 | 1.195 |
| | 13 | 12.342 | 0.907 | 0.081 | 1.213 |
| | 14 | 13.243 | 0.901 | 0.076 | 1.231 |
| | 15 | 14.137 | 0.894 | 0.071 | 1.250 |
| | 16 | 15.024 | 0.887 | 0.067 | 1.268 |
| | 17 | 15.905 | 0.881 | 0.063 | 1.288 |
| | 18 | 16.779 | 0.874 | 0.060 | 1.307 |
| | 19 | 17.647 | 0.868 | 0.057 | 1.326 |
| | 20 | 18.508 | 0.861 | 0.054 | 1.346 |
| | 21 | 19.363 | 0.855 | 0.052 | 1.367 |
| | 22 | 20.211 | 0.848 | 0.049 | 1.387 |
| | 23 | 21.053 | 0.842 | 0.047 | 1.408 |
| | 24 | 21.889 | 0.836 | 0.046 | 1.429 |
| | 25 | 22.719 | 0.830 | 0.044 | 1.450 |
| | 26 | 23.542 | 0.823 | 0.042 | 1.472 |
| | 27 | 24.359 | 0.817 | 0.041 | 1.494 |
| | 28 | 25.171 | 0.811 | 0.040 | 1.517 |
| | 29 | 25.976 | 0.805 | 0.038 | 1.539 |
| | 30 | 26.775 | 0.799 | 0.037 | 1.563 |
| | 31 | 27.568 | 0.793 | 0.036 | 1.586 |
| | 32 | 28.356 | 0.787 | 0.035 | 1.610 |
| | 33 | 29.137 | 0.781 | 0.034 | 1.634 |
| | 34 | 29.913 | 0.776 | 0.033 | 1.658 |
| | 35 | 30.683 | 0.770 | 0.033 | 1.683 |

| 区分 | 年数 | 年0.75%の複利年金現価率 | 年0.75%の複利現価率 | 年0.75%の年賦償還率 | 年1.5%の複利終価率 |
|---|---|---|---|---|---|
| 長期 | 36 | 31.447 | 0.764 | 0.032 | 1.709 |
| | 37 | 32.205 | 0.758 | 0.031 | 1.734 |
| | 38 | 32.958 | 0.753 | 0.030 | 1.760 |
| | 39 | 33.705 | 0.747 | 0.030 | 1.787 |
| | 40 | 34.447 | 0.742 | 0.029 | 1.814 |
| | 41 | 35.183 | 0.736 | 0.028 | 1.841 |
| | 42 | 35.914 | 0.731 | 0.028 | 1.868 |
| | 43 | 36.639 | 0.725 | 0.027 | 1.896 |
| | 44 | 37.359 | 0.720 | 0.027 | 1.925 |
| | 45 | 38.073 | 0.714 | 0.026 | 1.954 |
| | 46 | 38.782 | 0.709 | 0.026 | 1.983 |
| | 47 | 39.486 | 0.704 | 0.025 | 2.013 |
| | 48 | 40.185 | 0.699 | 0.025 | 2.043 |
| | 49 | 40.878 | 0.693 | 0.024 | 2.074 |
| | 50 | 41.566 | 0.688 | 0.024 | 2.105 |
| | 51 | 42.250 | 0.683 | 0.024 | 2.136 |
| | 52 | 42.928 | 0.678 | 0.023 | 2.168 |
| | 53 | 43.601 | 0.673 | 0.023 | 2.201 |
| | 54 | 44.269 | 0.668 | 0.023 | 2.234 |
| | 55 | 44.932 | 0.663 | 0.022 | 2.267 |
| | 56 | 45.590 | 0.658 | 0.022 | 2.301 |
| | 57 | 46.243 | 0.653 | 0.022 | 2.336 |
| | 58 | 46.891 | 0.648 | 0.021 | 2.371 |
| | 59 | 47.535 | 0.643 | 0.021 | 2.407 |
| | 60 | 48.173 | 0.639 | 0.021 | 2.443 |
| | 61 | 48.807 | 0.634 | 0.020 | 2.479 |
| | 62 | 49.437 | 0.629 | 0.020 | 2.517 |
| | 63 | 50.061 | 0.625 | 0.020 | 2.554 |
| | 64 | 50.681 | 0.620 | 0.020 | 2.593 |
| | 65 | 51.296 | 0.615 | 0.019 | 2.632 |
| | 66 | 51.907 | 0.611 | 0.019 | 2.671 |
| | 67 | 52.513 | 0.606 | 0.019 | 2.711 |
| | 68 | 53.115 | 0.602 | 0.019 | 2.752 |
| | 69 | 53.712 | 0.597 | 0.019 | 2.793 |
| | 70 | 54.305 | 0.593 | 0.018 | 2.835 |

**A** 複利年金現価率、複利現価率、年賦償還率、複利終価率の各数値は以下の計算式で算出されます。適用される年利率（r）と年数（n）を入力して計算してください。複利表の複利年金現価率、複利現価率、年賦償還率は小数点以下第4位を四捨五入し、複利終価率は小数点以下第4位を切り捨てされていますので、同様に算出すればよいでしょう。

| | 計算式 |
|---|---|
| 複利年金現価率 | $\frac{(1+r)^n-1}{r(1+r)^n}$ |
| 複利現価率 | $\frac{1}{(1+r)^n}$ |
| 年賦償還率 | $\frac{r(1+r)^n}{(1+r)^n-1}$ |
| 複利終価率 | $(1+r)^n$ |

r：年利率　n：年数

## 11-4 貸家に隣接した駐車場部分も貸家建付地評価できるのか

**Q** 評価対象地は貸家（戸建住宅１軒）の敷地及び隣接する６台分の月極駐車場です。６台のうち１台分は隣接する貸家の住人が使っています。この場合は、駐車場１台分は貸家建付地できますか？

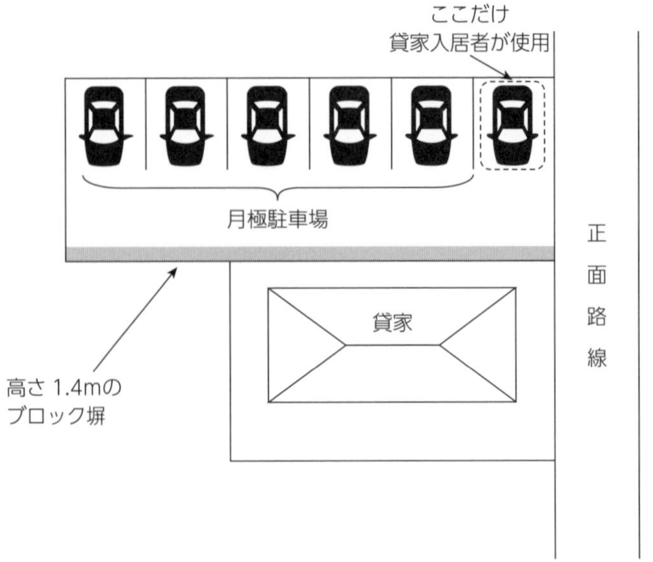

**A** 結論からいいますと、貸家の敷地は貸家建付地、駐車場部分は自用地としての評価となります。評価単位の原則は「利用単位ごと」です。したがいまして、例えば駐車場とアパートの間の塀がなく一体となって利用されていれば駐車場とアパートの敷地が1つの評価単位となり貸家建付地として評価できます。

しかし、今回ご相談のケースは駐車場と貸家敷地の間には塀があり、かつ貸家は戸建住宅1棟で6台の駐車スペースは過大です。よって貸家敷地と駐車場部分は一体で利用しているとみることはできませんので、評価単位は別々となります。

そして、貸家と駐車場は物理的に別々の区画（別の評価単位）なので借家権は駐車場には及ばず貸家建付地の評価はできない、つまり自用地としての評価ということになります。

なお、貸家と入居者専用駐車場を一体で貸家建付地として評価すべきかどうかは、契約上の一体性と物理的一体性、ともに有するかを検証して判断するようにしてください。

拙著「税理士を悩ませる相続・贈与の土地評価Q＆A 100選」のP.16～17［1-8］「アパート入居者専用駐車場の評価単位と貸家建付地評価の可否」でも解説しておりますので、併せてご確認頂ければ幸いです。

## 11-5 地役権が設定されていない高圧送電線下地の減価は可能か

**Q** 評価対象地は2筆でそのうち1筆（10番5）には住宅が建っており、もう1筆（10番18）には高圧送電線のための地役権が設定されています。10番18の登記簿の乙区には「建造物の築造禁止」との記載がありますが、建物が建っていて問題なく使えているようですので、減価はしない、という理解でよろしいでしょうか？

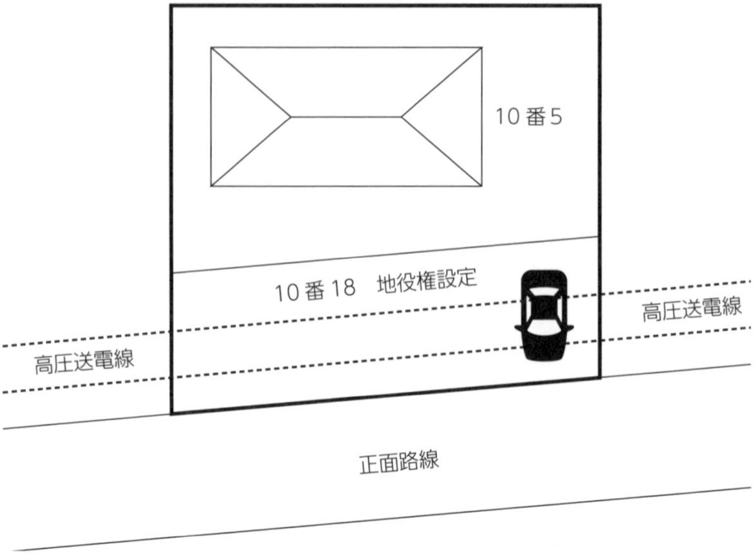

**A** 10番18の登記簿の乙区には「建造物の築造禁止」と記載があり、建物はこの筆には建っていないようです。

「建造物の築造禁止」は高さ制限などの利用制限とは異なり、最も厳しい建築制限です。つまり、10番18は建築不可なので建物はこの筆を避けて、建築制限のない10番5に建てられているということです。

10番5と10番18は一体で利用されており評価単位は「1」です。1つの評価単位の中で建築制限があれば減価の対象となります。ご相談のケースは区分地上権に準ずる地役権の価額の控除が「減価」にあたります。

したがいまして、評価にあたっては、10番5と10番18を一体評価して、各筆の面積で価額按分し、10番18の地積に応じた価額の「借地権割合か50%の高い割合の方」を一体評価額から控除する、ということになります。

財産評価基本通達では27-5に記載があります。

**27－5（区分地上権に準ずる地役権の評価）**

⑴　家屋の建築が全くできない場合　100分の50又はその区分地上権に準ずる地役権が借地権であるとした場合にその承役地に適用される借地権割合のいずれか高い割合

⑵　家屋の構造、用途等に制限を受ける場合　100分の30

なお、地役権を設定している電力会社に問い合わせ、「建造物の築造禁止」は「建築可能」とならないか、と交渉すると、高さ制限等の条件付きで建築可能となる場合もあります。この場合は30%の減価とするのが適切な場合もありますので、その都度建築制限の実態に合わせて個別に判定してください。

# 12 税理士を悩ませる「セットバック」

## 12-1 2項道路だが区から幅員6mに拡幅をお願いされている場合のセットバックの扱い

**Q** 幅員3.8mの2項道路なので、中心振り分けによるセットバックは片側0.1mですが、区から主要生活道路として幅員6mに拡幅整備するためプラス1m合計1.1mのセットバックをお願いされています。セットバック距離は0.1m、1.1mどちらで評価すればよろしいでしょうか？

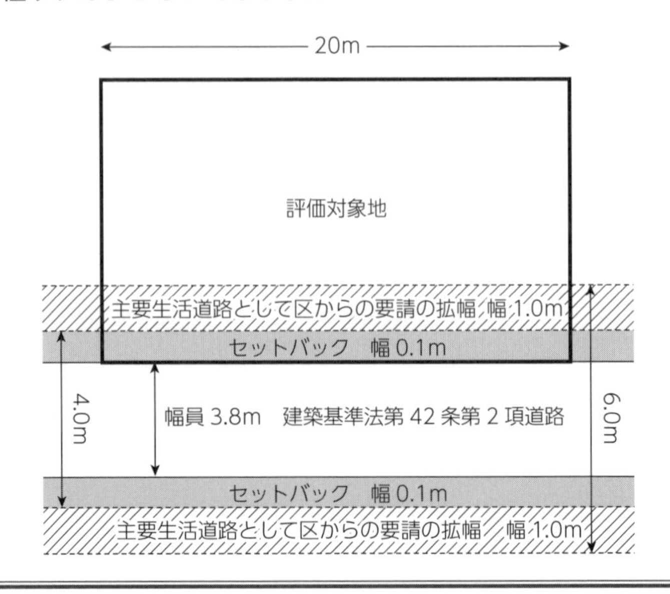


**A** 6mの拡幅は建築基準法等の法的な強制力のあるものではなく、「区のお願い」です。評価時点において6m拡幅前の幅員3.8

mの状態であれば4mまでのセットバックを前提とした評価になります。よって、セットバック面積は間口距離20m×セットバック距離0.1m＝2.0㎡で計算することになります。

「区のお願い」を受け入れて拡幅した後の幅員4.9m（既存道路幅員3.8m＋セットバック0.1m＋区の要請1.0m）の状態であれば、6mにするために区に提供（譲渡）した部分、つまり間口距離20m×セットバック済み距離1.1m＝22.0㎡は、不特定多数の者の通行の用に供されている場合はゼロ評価でよいと考えます。22.0㎡のセットバック工事自体は終わっていても道路として提供せず自分で自転車や植木鉢を置いて使っているようであれば、セットバック未了として22.0㎡は自用地価額の3割で評価するのが妥当と考えます。

## 12-2 告示建築線がある場合

**Q** 評価対象地の正面路線は幅員約４ｍの位置指定道路（建築基準法第42条第１項第５号の道路）です。役所調査では、指定道路の範囲が5.45ｍなので既存建物の建替えの際は約1.4ｍのセットバックが必要ですと言われました。建築基準法第42条第２項道路はセットバック減価が規定されていますが、４ｍ幅の位置指定道路でもセットバック減価を考慮して評価してもよいのでしょうか？

**A** 結論からいいますと、ご相談のケースは「告示建築線」なのでセットバック減価を2項道路と同様に行ってください。

詳しくご説明しますと、建築基準法が施行される以前に「市街地建築物法」という法律があり、この法律の中に今の2項道路のセットバックラインと同じような「建築線指定」という規定があり、告示によって指定されていましたので「告示建築線」と呼ばれていました。建築線と建築線の間が道路ということです。幅員は1間半（1.818ｍ×1.5＝2.727ｍ）が標準でしたが、3間（5.454ｍ）の道路もありました。

東京23区では世田谷区、杉並区によく見られ、中野区、北区、葛飾区、大田区、新宿区などでも見られます。大阪では船場建築線が有名です。

この告示建築線より道路側にはみ出して建物を建ててはいけない、という規定でしたが、「市街地建築物法」が廃止され建築基準法が施行される際に、建築基準法附則第5項で、「市街地建築物法第7条但書の規定によって指定された建築線で、その間の距離が4メートル以上のものは、その建築線の位置にこの法律第42条第1項5号の規定による道路の位置の指定があったものとみなす」と定められました。このように幅員が4m以上の道路は建築基準法第42条第1項第5号道路（位置指定道路）として扱われることになりました。幅員が4m未満の道路は建築基準法第42条第2項道路として扱われている道路が多いようです。

ご相談の道路は3間（5.454m）の告示建築線の道路で、これが現在位置指定道路として存続している、ということです。幅員5.45mとなっているのは5.454mの0.004mを切り捨てた寸法で、4mとみなす2項道路と同様に、5.45mとみなす位置指定道路（5.45mの幅で位置指定された道路）ということになります。

指定道路調書図面では現況の道路境界から評価対象地側に約1.4m後退したラインが告示建築線であることが読み取れますので、その部分は門や塀があって使っているのであれば7割減、道路として既に提供され、不特定多数の人が通っているのであればゼロで評価すれば結構です。

# 13 税理士を悩ませる「市街化調整区域内の土地」

## 13-1 市街化調整区域内の違法建築された建物の敷地の評価

**Q** 評価対象地は市街化調整区域内にある建物敷地ですが、建物は許可を得ずに違法で建築されているようです。このような場合、違法建築の減価は考慮するのでしょうか？

**A** 市街化調整区域は建物の建築が原則不可ですが、建築関連業者などが何の許可も得ずに自社で建築している場合があります。

ご相談のケースも同様だと思われますが、もともと建築できない土地であるにもかかわらず違法で建築されている場合は、建物は建っていないものとして評価すべきと考えます。

つまり、ご質問のケースでは、市街化調整区域内の雑種地として、建築不可のしんしゃく50％で評価することになります。

ただし、許可を得ずに建築されていても、申請すれば許可を得ることができたであろう土地の場合は建築可能な市街化調整区域内の雑種地、という扱いになります。よってこのような場合は、宅地類似雑種地としてしんしゃくしない評価となります。

いずれにしましても市街化調整区域内で建物が建っている土地を評価する場合は、必ず役所調査を行って建築の経緯や開発許可を適法に得ているか、等を確認して評価方針を決定するようにしてください。

## 13-2 市街化調整区域内の土地に所有者不明の建築物がある場合

**Q** 評価対象地は市街化調整区域内にある資材置き場として借りている土地ですが、昔から建築主不明の建物が建っています。役所調査したところ、開発許可も得ておらず、建築確認申請もされていないようです。土地の賃貸借契約は、建物所有目的ではなく資材置き場としての利用となっており、借主は権利金等の一時金も支払っていません。このような場合、借地権はないものとして考えてよろしいでしょうか？

また、契約期間は５年で平成20年２月１日から５年ごとの自動更新の賃貸借契約になっていますが、更新の契約書がありません。評価時点は令和５年３月１日ですが、契約の残期間はどのように考えればよろしいでしょうか？

**A** 市街化調整区域内の違法建築物のある「宅地」状態のものは、建物がないものとして考えます。よって評価地目は「雑種地」として扱い、借地権はないものとして考えて問題ありません。評価にあたっては、まず「市街化調整区域内の雑種地」ということでしんしゃく割合を判定します。都市計画課等の役所の窓口で調査を行い、その結果で判断してください。

そして、しんしゃくを考慮した自用地としての価額から、「地上権に準ずる賃借権以外の賃借権」の価額を控除して算出します（財産評価基本通達86（1）ロ）。

具体的には「自用地価額－自用地価額×法定地上権割合×1/2」、「自

用地価額－自用地価額×残存期間に応ずる割合×1/2」のいずれか低い方となります。

法定地上権割合
（相続税法第23条）

| 残存期間 | 地上権割合 |
|---|---|
| 10年以下 | 5% |
| 10年超15年以下 | 10% |
| 15年超20年以下 | 20% |
| 20年超25年以下 | 30% |
| 25年超30年以下 | 40% |
| 期間の定めのないもの | 40% |
| 30年超35年以下 | 50% |
| 35年超40年以下 | 60% |
| 40年超45年以下 | 70% |
| 45年超50年以下 | 80% |
| 50年超 | 90% |

財産評価基本通達86（1）に定める割合
（残存期間に応ずる割合）

| | | |
|---|---|---|
| （イ） | 残存期間が5年以下のもの | 100分の5 |
| （ロ） | 残存期間が5年を超え10年以下のもの | 100分の10 |
| （ハ） | 残存期間が10年を超え15年以下のもの | 100分の15 |
| （ニ） | 残存期間が15年を超えるもの | 100分の20 |

**地上権に準ずる賃借権以外の賃借権が設定されている雑種地の評価額**

自用地価額－自用地価額×法定地上権割合×1/2

自用地価額－自用地価額×残存期間に応ずる割合×1/2

また契約の残期間に関しては、契約期間は平成20年2月1日から平成25年1月31日の5年の自動更新であれば、評価時点の契約期間は令和5年2月1日から令和10年1月31日となりますので、この期間の評価時点における残期間を計算すれば5年以下となります。なお、評価時点において既に令和10年1月31日以降も契約更新する旨の覚書等があればさらに5年後の令和15年1月31日までの期間を契約期間と捉え、残期間は5年超10年以下となります。

## 13-3 市街化調整区域内の宅地の評価におけるしんしゃく

**Q** 評価対象地は倍率地域にある市街化調整区域内の倉庫の敷地です。固定資産税の課税地目は「宅地」で、役所に確認すると市街化調整区域内ということが考慮された評価額とのことでした。宅地の倍率は1.1倍なので、「固定資産税評価額×倍率」という評価でよいでしょうか？

それとも市街化調整区域内の倉庫しか建築できない土地ということで、「固定資産税評価額×倍率×（1－しんしゃく30%）」という評価は可能でしょうか？

**A** 市街化調整区域の宅地の評価にあたっては、以下を比較して、低い方を採用するということで結構です。

① 宅地の固定資産税評価額×宅地の倍率
② 近傍標準宅地単価（又は固定資産税路線価）×宅地の倍率×普通住宅地区の各種画地調整率×（1－しんしゃく割合）

しんしゃくする場合は「固定資産税評価額」に対してではなく、「近傍標準宅地単価（又は固定資産税路線価）×宅地の倍率」からスタートする評価計算の過程で考慮するようにしてください。

倍率地域の宅地の評価において固定資産税評価額をそのまま使うかどうかは、②の計算を正確に行ってから判断するとよいでしょう。

なお、市街化調整区域内の土地の評価における「しんしゃく」は、国税庁HP質疑応答事例「市街化調整区域内にある雑種地の評価」に記載があるとおり、原則は「雑種地」の評価で検討すべきですが、「宅地」の評価においても準用すべきと考えます。人の属性が限定される分家住宅地の敷地はしんしゃく30％となるのと同様に、用途が倉庫、事務所等に限定される土地はしんしゃく30％で評価すべきと考えます。

また、例えば、ペットの葬祭場や自動車学校といった特殊な用途に限定されて開発許可が得られた土地なども、今後建物が老朽化して建替えする場合も、「同用途、同程度の規模」の建物しか建築できないような土地の地目は「雑種地」ではなく「宅地」ですが、しんしゃく30％として評価すべきでしょう。

市街化調整区域内の土地の評価は、「固定資産税評価額の検証」と「建築可能な建物用途についての役所調査」が欠かせません。過大評価にならないように慎重に行いましょう。

## 13-4 市街化調整区域内の雑種地のしんしゃく①

**Q** 評価対象地は市街化調整区域内の雑種地です。役所調査の際、固定資産税の窓口で「市街化調整区域であることは、しんしゃくしてすでに近傍標準宅地@31,200に織り込み済みです」という回答でした。相続評価の際、市街化調整区域内の雑種地のしんしゃくはせずに@31,200を使って宅地比準方式で評価すればよいのでしょうか？

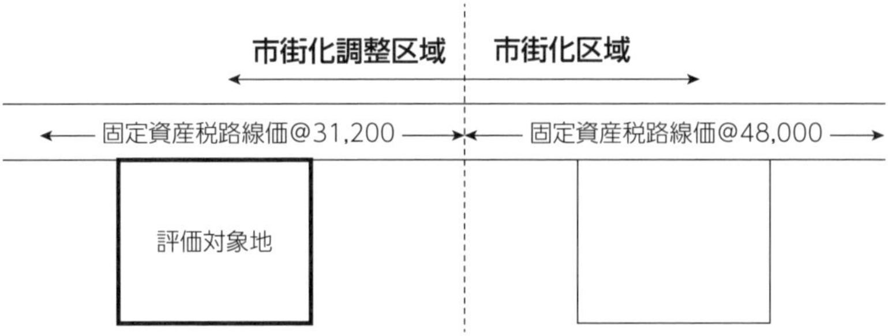

**A** 役所窓口で回答された「市街化調整区域内の近傍標準宅地@31,200はしんしゃく済み」というのは、近隣の市街化区域内の宅地の固定資産税路線価@48,000に対するしんしゃくのことです。近傍標準宅地@31,200は@48,000の35%引きです。市街化区域内の土地と市街化調整区域内の土地は時価が大きく異なります。市街化区域の土地の時価水準を100とすると、隣接する市街化調整区域内の土地の時価水準は概ね60%～80%程度です。この時価の差を役所は「しんしゃくして評価している」といいます。相続評価の際の市街化調整区域内の土地のしんしゃくとは別の意味合いですのでご注意ください。

そして、@31,200は市街化調整区域内でどんな建物も建てられる土地の単価であり、相続評価ではここから建築用途制限であればしんしゃく30%となります。固定資産税評価額は時価とは異なる水準での評価が多く見受けられますので、固定資産税評価額を基準とし過ぎないように柔軟に対応しましょう。

## 13-5 市街化調整区域内の雑種地のしんしゃく②

**Q** 評価対象地は市街化調整区域内の雑種地です。市役所の固定資産税の窓口では、「市街化調整区域内の雑種地は宅地の1/2で評価している」という話でした。これはしんしゃく割合50%ということだと思いますので、「雑種地の固定資産税評価額×宅地の倍率1.1」でよろしいでしょうか？

**A** 土地の時価水準は、建物が建築不可か用途制限か、どちらかで異なり、相続・贈与時の評価では、しんしゃくは建築不可0.5、用途制限0.3と区別されています。これに対し、当該自治体は建築不可か用途制限か関係なく宅地の1/2にしている、ということのようです。

市街化調整区域内の雑種地の評価は自治体ごとに評価方針やしんしゃく、宅地造成費の控除額等が決められています。全国一律ではありません。

相続・贈与時の評価では自治体が評価した固定資産税評価額を使わずに、財産評価基本通達に従って自ら計算する場合もあります。

固定資産税評価額自体や自治体ごとに決められた評価方針は、財産評価基本通達に従った評価と異なる場合も多いので必ず検証して採用するか採用しないかを判断し、財産評価基本通達に従って過大評価、過小評価にならないよう適切に評価額を算出しましょう。

## 13-6 市街化調整区域内の雑種地のしんしゃく割合判定のための役所調査

**Q** 市街化調整区域内の土地のしんしゃく割合を判断するために役所窓口で調査したのですが、担当者ははっきりしたことを言ってくれませんでした。

結局、建物が建てられるのかよくわかりません。しんしゃく割合を判断できる情報を得るには、どのように調査すればよろしいのでしょうか？

**A** 役所窓口の担当者もトラブルを避けるため、許可が得られるか、建築可能か、といったことは安易に断言しません。特に市街化調整区域は、原則として開発行為はできない区域、建築できない区域であるため、開発、建築に関しては個別具体的に資料を精査してからでないと判断できませんので、その場で明確な回答を得られることは少ないでしょう。

したがって、窓口担当者に「白黒はっきりさせたいなら書類をそろえて開発許可申請してください」と言われてしまい、あいまいなまま引き下がる方が多いようです。評価対象地に具体的な開発計画があるわけではなく評価のために調査しているだけなので、開発許可の申請を提出することはできません。その点を窓口担当者にも理解してもらったうえで、いわゆる『ここだけの話』として担当者から有益な回答を引き出すことを心掛けます。例えば次のようなフレーズです。

「過去の経験からこれに似たようなケースはありませんでしたか」

「過去にこのようなケースで許可がおりた例はご記憶にありませんか」
「他の担当者の方から似たような話を聞いたことはありませんか」
「こう言っただろう、などと後から○○さん（窓口担当者）を困らせるようなことは言いませんので」
「断言はできないと思いますが、可能性としてはありそうですか？」
「ご経験から可能性は高そうな感じがしますか？」
「判断するために何かもらえる資料はありませんか」
「あくまでも仮定の話で結構ですが、この土地が線引き前からの宅地だったと仮定した場合、戸建住宅は建てられそうですか？」

このように窓口担当者にプレッシャーを与えない聞き方が望ましいでしょう。かしこまった感じではなく、フレンドリーに世間話でもしているような雰囲気で会話すると、窓口担当者も本音を漏らすことがあります。最近はトラブル防止のためか、市街化調整区域の窓口はメイン1人、サブ1人と2人体制で質問に答えてくれる役所も増えています。サブの担当者も巻き込んで3人でいろいろ会話していると、内部資料をコピーして渡してくれたり、可能性が高いか低いかを判断できる情報をくれたりすることもあります。

しんしゃく割合を判断するのは、評価する我々自身です。役所に判断してもらうのではなく、判断するための情報を役所から得る、というスタンスで役所調査に臨んでください。

# 14 税理士を悩ませる「都市計画道路予定地」

## 14-1 角地の容積率の計算

**Q** 評価対象地は幅６ｍと幅８ｍの道路に接する角地ですが、都市計画道路予定地の補正率選択の際の容積率はどのように計算すればよいですか？

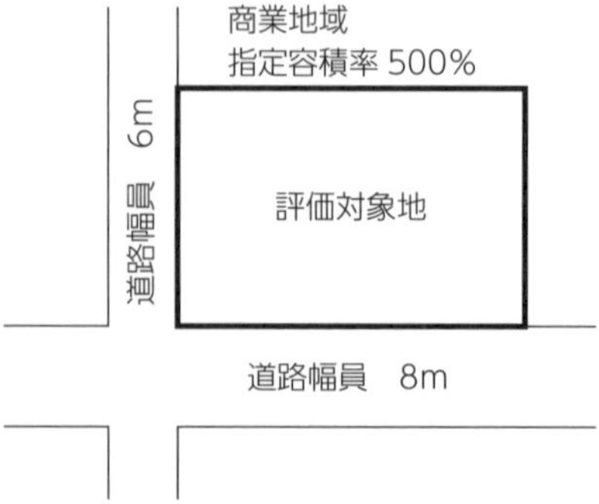

商業地域
指定容積率 500%
道路幅員 6m
評価対象地
道路幅員 8m

**A** 容積率は指定容積率と基準容積率があります。都市計画道路予定地の補正率選択の際の容積率は2つの容積率を比較し、低い方が採用されます。基準容積率の計算にあたっては、道路幅員は広い方の8ｍで計算します。非住居系用途地域の係数0.6を道路幅員に乗じて基準容積率を算出します。そして指定容積率と比較して低い方がその土地の容積率として採用されます。

つまり、50/10　＞　8（m）×6/10＝48/10

となりますのでこの土地の容積率は480%となります。

よって、都市計画道路予定地の補正率の区分は500％ではなく480％として、当てはまる補正率を選択するようにしてください。

なお、本書のP.26～27［3-2］「地積規模の大きな宅地の評価にかかわる容積率の算定」にも計算例を掲載していますので、参考にしてください。

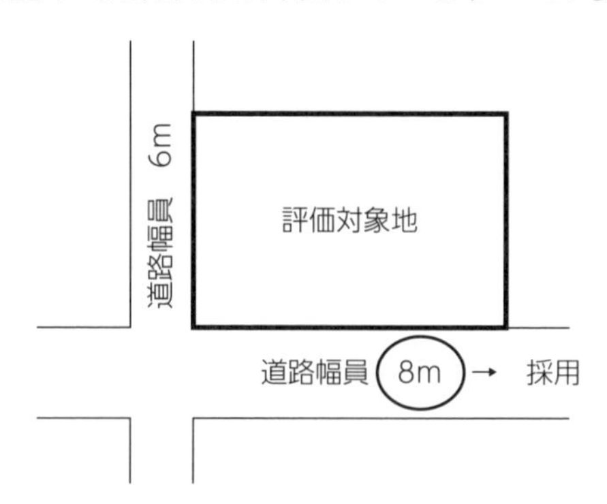


基準容積率の算出にあたっては、
前面道路は広い方の 8mで計算します。
50/10>8（m）×6/10＝48/10
となりますのでこの土地の容積率は 480％

## 14-2 倍率地域の都市計画道路予定地の評価

**Q** 評価対象地は倍率地域にありますが、一部が都市計画道路予定地になっています。財産評価基本通達24-7の「都市計画道路予定地の区域内にある宅地の評価」の補正率表では路線価地域の地区区分で分けられています。倍率地域には地区区分がありませんが、どの地区区分で補正率を選択すればよいでしょうか？

**A** 倍率地域は普通住宅地区内にあるものとして取り扱えば結構です。適用の際は固定資産税評価額に都市計画道路予定地の減価が織り込まれていないことを役所窓口で確認してください。そしてすでに減価が織り込まれている固定資産税評価額に対して都市計画道路予定地の減価は適用できませんのでご注意ください。

## 14-3 都市計画道路が事業認可されている場合の評価

**Q** 評価対象地の一部が都市計画道路予定地になっていますが、役所で調査すると都市計画事業として事業認可されており、具体的に用地買収などが始まっている「事業決定」の段階ということがわかりました。評価にあたっては、財産評価基本通達24-7の「都市計画道路予定地の区域内にある宅地の評価」の補正率を適用すればよいのでしょうか？

**A** 都市計画道路の「計画決定」の段階では道路計画の線が決まっているだけですが、それよりも進んだ「事業認可」の段階では、具体的に道路を形作るために用地買収などが始まります。

そして買収金額が確定するまでの間、つまり「買収金額確定前」であれば、財産評価基本通達24-7の「都市計画道路予定地の区域内にある宅地の評価」の補正率を適用します。評価時点で買収金額が既に確定している場合は、グレーゾーンです。

ひとつの方法としては、まず①予定地と②予定地を除く残地、に評価単位を分けます。そして、①が買収されるわけですが、買収額は土地、建物や営業権などが含まれますので、①は土地部分だけの買収額、②は通常通り計算した評価額、とします。

①での買収額は時価としてそのままの額を採用することもありますが、これを路線価水準にあわせて8掛けする（買収額×0.8）という考え方もあります。

②は都市計画道路予定地「外」なので、都市計画道路予定地の補正率

は適用しません。

なお事業認可されて買収交渉開始後、金額提示から交渉がまとまるまでは時間がかかりますので、金額提示後の交渉中の段階は「買収金額確定前」ということで対応すればよいでしょう。

# 15 税理士を悩ませる「時価」

## 15-1 無道路地の評価額は適正か

**Q** 評価対象地は普通住宅地区にある約4,600㎡の自家用の畑です。農道には接していますが、建築基準法上の道路には接していないため無道路地です。敷地内高低差もあります。財産評価基本通達に従って無道路地として評価すると4,900万円になりましたが、不動産業者に聞くと4,900万円では高すぎて実際に売れないようです。このような無道路地は鑑定評価すべきでしょうか？

**A** 役所調査で無道路地であることがわかれば、まずは、財産評価基本通達に従って無道路地としての評価を適正にすることです。残念ながら「鑑定してほしい」というご相談の中には、財産評価基本通達で規定されている減価要因を見落として、正しく評価されていないケースもあります。したがってまずは、財産評価基本通達の規定の範囲内で下がるところまで下げて評価してください。そして「もうこれ以上下がらない」というところまで行って、それでも市場相場より高い評価額になってしまう場合は鑑定評価を検討するのもひとつの案です。

ご相談のケースは不動産鑑定評価による時価は机上での概算では1,840万円（@4,000）程度となります。よって相続人の方には鑑定評価という選択肢もあるということを伝え鑑定費用の見積もりを取って費用対効果を相続人の方といっしょに検証しましょう。

無道路地の評価にあたっては、以下の手順で評価方針を検討しましょう。

①　まず無道路地であることに気付くこと
②　次に無道路地として評価して、それが時価よりも高くなっていないかを専門家に検証してもらうこと
③　減税額と鑑定費用の費用対効果を検討し、鑑定評価額で申告する場合のデメリットも相続人に必ず理解してもらうこと
④　鑑定評価額で申告する場合はできる限り当初で申告する

なお、路線価が付されているからといって、建築基準法上の道路とは限りません。路線価が付されている道路に接している土地でも、無道路地の場合があります。まずは無道路地を見抜くことが重要です。

# 16 税理士を悩ませる「雑種地」

## 16-1 電柱が立っている狭小地の評価

**Q**

路線価@84,000の道路沿いに1.3㎡の電柱敷地が4か所あります。分譲残地で所有権が残っているようです。地目は雑種地でよろしいでしょうか？ また、評価は普通に路線価で評価してよいでしょうか？ 何か別の評価方法や減価要因はありますか？

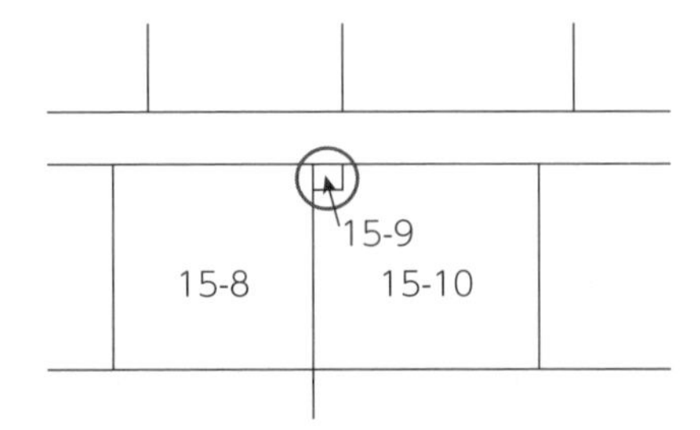

※相続税路線価を路線価と示しています。

**A** 狭小地の電柱敷地ですが、電柱は建物ではありませんので地目は雑種地になります。評価にあたっては通常通り、路線価評価で奥行価格補正、間口狭小等で減価し、最後に利用価値が著しく低下している宅地として10%減価の適用も可能と考えます。

似たような例で地域住民のための共同のゴミ置場もあります。4～5㎡程度の狭小地です。これも同様に通常通り、路線価評価で奥行価格補正、間口狭小等で減価し、最後に利用価値が著しく低下している宅地として10%減価して評価するのがよいでしょう。ゴミ置場は共有であることが多いので共有持分割合を乗じることを忘れないようにしてください。

## 16-2 貸し付けられたゴルフ場の評価

**Q** 貸し付けられたゴルフ場の評価ですが、倍率表（ゴルフ場用地等用）には対象のゴルフ場の固定資産税評価額に乗じる倍率が2.0倍と記載されています。評価は固定資産税評価額×倍率でよろしいでしょうか？

**A** 「固定資産税評価額×倍率」はゴルフ場用地の自用地としての評価です。ご相談のゴルフ場は「貸し付けられている」ということなので、賃借権価額の控除を行う必要があります。さらに、造成工事を貸主、借主どちらが行ったかの確認も必要です。

① 造成工事を借主が行ったのであれば、造成前の地目つまり山林や原野での比準方式による評価額から賃借権価額を控除します。
② 造成工事を貸主が行ったのであれば、造成後に貸したということなので現況の固定資産税評価額×倍率から賃借権価額を控除します。

①のケースが多いと思いますが、この場合は、②よりも評価額が相当に低くなります。固定資産税評価額より低くなるケースもあるでしょう。

なお、ご注意頂きたい点は、造成前の「地目」を客観的に判定するということです。山林か原野か雑種地かは賃貸借開始当時の資料（造成時の高低測量図面や工事内容の見積等）も吟味して客観的に判定してください。

また、借主が造成工事を行う旨及び原状回復義務の記載があれば①で評価する根拠となりますので賃貸借契約書はしっかりご確認ください。

# 17 税理士を悩ませる「間口距離、奥行距離、想定整形地」

## 17-1 正面路線に路線価が付いていない場合の想定整形地の取り方

**Q** 評価対象地の正面路線は建築基準法上の道路ですが、路線価が付いていません。申告期限が迫っているので特定路線価を申請する時間がありません。@120,000の路線価を使って評価する際、想定整形地は図のように取ればよいでしょうか？

建築基準法第42条第2項道路

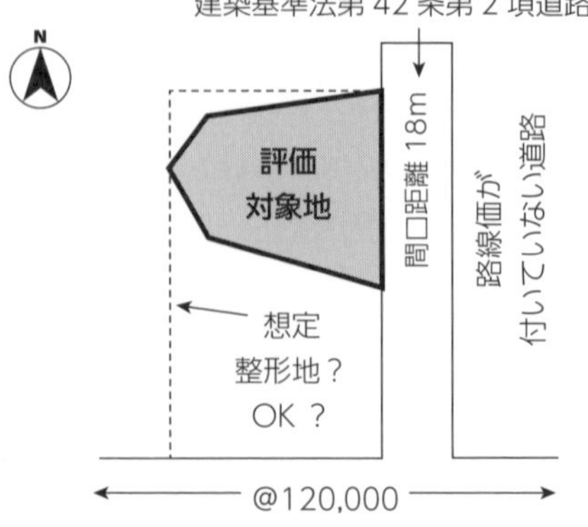


建築基準法第42条第1項第1号道路

※相続税路線価を路線価と示しています。

**A** 結論からいいますと、グレーゾーンではありますが、このような想定整形地の取り方は個人的には誤りと考えます。

評価対象地に接する道路は建築基準法上の道路（2項道路）です。よって、評価対象地は建築基準法上の道路に18m接する不整形地です。ただ接している道路に路線価が付いていないだけです。

一方、不整形地補正という減価は評価対象地の不整形の度合い、つまり評価対象地がどの程度変形しているかの度合いに応じて減価するものです。

評価対象地の不整形の度合いは路線価の付いていない建築基準法上の道路からみるのが妥当と考えます。つまり図の想定整形地①が想定整形地の取り方としては正しいといえます。正面路線は路線価が付いている道路だから@120,000の道路から作る想定整形地②の方が正しい、という捉え方も当然あるとは思いますが、不整形地の評価の趣旨に鑑みれば想定整形地②は評価対象地の不整形の度合いを過度に捉えており、正しく表しているとはいえません。

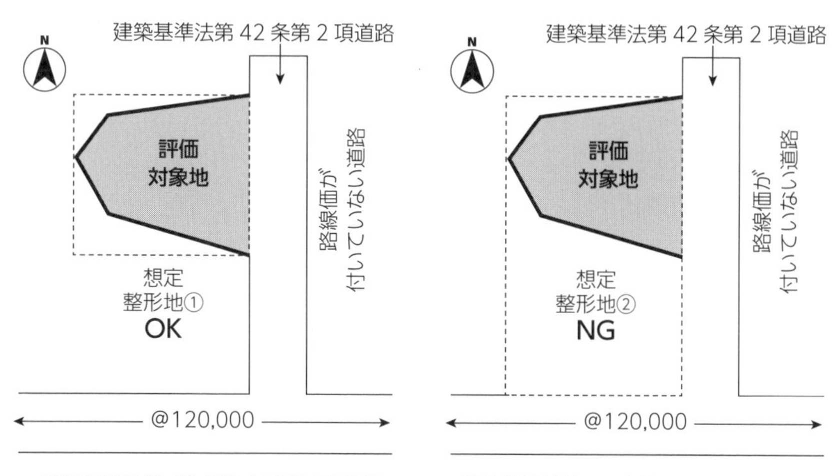

ここで注意して頂きたいのは評価対象地が接している道路が建築基準法上の道路であるという点です。もし仮に建築基準法上の道路でないのであれば、無道路地ということになりますので、想定整形地②で良いでしょう。

時価の観点からは、不整形の度合いは接している建築基準法上の道路からみるべきと考えます。時価、つまり市場相場及び買い手からみた土地価格の捉え方の参考にして頂ければと思います。

本書のP.95〜97［10-3］「特定路線価を設定しないと否認されるのか」でも同様の論点を採り上げていますので、ご参照ください。

# 18 税理士を悩ませる「周知の埋蔵文化財包蔵地、庭内神しの敷地」

## 18-1 分譲マンション敷地内にあるお社部分の減価

**Q** 分譲マンション敷地内にお社があります。お社の建っている土地部分を現地で概測して非課税扱いしてよろしいでしょうか？

**A** まず、庭内神しの敷地については、国税庁HP質疑応答事例の回答で以下のように記載されています。

いわゆる「庭内神し」の敷地やその附属設備については、ただちに相続税の非課税財産に該当するとは言えません。しかし、

① 「庭内神し」の設備とその敷地、附属設備との位置関係やその設備の敷地への定着性その他それらの現況等といった外形や、

② その設備及びその附属設備等の建立の経緯・目的、

③　現在の礼拝の態様等も踏まえた上でのその設備及び附属設備等の機能の面から、その設備と社会通念上一体の物として日常礼拝の対象とされているといってよい程度に密接不可分の関係にある相当範囲の敷地や附属設備である場合には、その敷地及び附属設備は、その設備と一体の物として相続税の非課税財産に該当します。

（注）「庭内神し」とは、一般に、屋敷内にある神の社や祠等といったご神体を祀り日常礼拝の用に供しているものをいい、ご神体とは不動尊、地蔵尊、道祖神、庚申塔、稲荷等で特定の者又は地域住民等の信仰の対象とされているものをいいます。

まず上記の①②③を満たすということであれば非課税扱いでよいでしょう。

計算方法については、例えば評価対象地全体が100㎡でそのうち庭内神しの敷地が10㎡という場合は、対象地積を100㎡として計算し、最後に持分計算90/100で庭内神しの敷地面積を除く、というやり方でも結構です。もしくははじめから庭内神しの敷地が10㎡を除いて90㎡で評価する、ということでも結構です。ほとんどのケースでどちらも計算結果は変わらないと思います。

## 18-2 現実的に相続登記できない共有の神社敷地

**Q** 評価対象地は神社の敷地（26人の共有地）ですが、登記簿は「所有者○○○○外25」となっています。ほとんどの共有者の名義が2〜3代前の故人で、現実的に共有者全員を特定することができません。今後は神社自体も維持が困難でご本尊を近くの別の神社に移して更地にする案も一部で出ています。固定資産税は非課税扱いになっていますし、相続・贈与の評価自体は庭内神しの敷地として非課税扱いでよいと思いますが、更地にした場合の固定資産税の課税と登記は今後どう対処すればよいでしょうか？神社ということで何か救済措置などありますか？

**A** 神社の敷地（自用）であれば庭内神しの敷地として非課税扱いで問題ないでしょう。登記に関しては、司法書士の先生にも確認しましたので以下に回答致します。

共有者全員が特定できない場合であっても、法務局は原則として相続人全員を特定しなければ登記できないという対応です。神社敷地だからといって特別な救済措置があるわけではありません。相続登記の申請義務化（令和6年4月1日施行）も当然に課せられ、厳しいようですが罰則規定もあり、正当な理由がなければ、10万円以下の過料が科されることもあります。

ただし正当な理由があれば話は別です。

(1) 相続登記を放置したために相続人が極めて多数に上り、戸籍謄本等の必要な資料の収集や他の相続人の把握に多くの時間を要するケース

⑵　遺言の有効性や遺産の範囲等が争われているケース

⑶　申請義務を負う相続人自身に重病等の事情があるケース

など現実的には相続人全員を特定できない土地も多く、相続登記できない土地も多数存在します。法務局もそのような実態は当然把握しています。共有者全員を特定するために具体的に動いた結果として、「26人のうち○○人だけ特定がどうしてもできない」旨個別で相談すれば正当な理由として認められる可能性は高いと思われます。もし仮に正当な理由として認められず、罰則規定に該当しても「見て見ぬふり」のような放置された状態になり罰則を適用されることは事実上ないのではないかと思われます。固定資産税の課税に関しましては、現況（お社及びその敷地）が維持される限り免税でしょうが、更地にすれば課税される可能性が高くなります。この場合、事情を市に説明して市管理の公園として無償で貸し付けることができれば免税になるものと思われます。更地にする場合はその前に市に相談してみるとよいでしょう。

## 18-3 神社の敷地として無償で貸し付けられている土地

**Q** 評価対象地は神社の敷地の一部として無償で貸し付けられている土地です。登記地目は「境内地」ですが、固定資産税の課税地目は「宅地」で評価額も付けられています。評価上は庭内神しの敷地として非課税扱いになりますか？ もし、非課税扱いにならない場合は、貸し付けられていて自由に使えないということで借地権相当額は控除できますか？

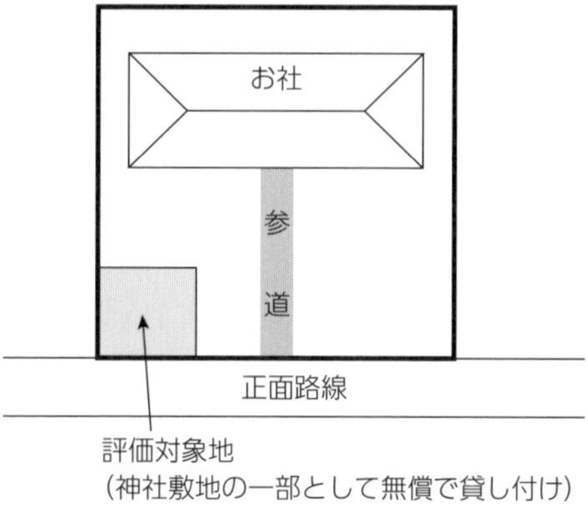

**A** 結論からいいますと、ご相談の土地は、①非課税財産に当たらず、②自用地評価になると考えます。

まず①については、評価対象地が建物敷地（建物の真下）ではなくお社部分と評価対象地が一体不可分とはいえない位置関係にあり、庭内神しの敷地の要件③「現在の礼拝の態様等も踏まえたうえでのその設備及び附属設備等の機能の面から、設備と社会通念上一体の物として日常礼拝の対象とされているといってよい程度に密接不可分の関係にある相当範囲の敷地や附属設備であること」には該当しないと判断される点、が主な理由です。

また、固定資産税が地方税法の範疇で非課税扱いせず「宅地」として課税している点も判断根拠となります。

次に、非課税財産にならなくとも貸し付けられていて自由に利用することが困難であるため借地権等の権利の価額を控除することができるのではないか、という考えもあるとは思います。これについては、貸し付けが無償であるため、土地の使用借権（使用貸借による使用権）の価額はゼロとして、その土地の評価にあたっては、自用地での評価となることから借地権等の権利の価額の控除もできず自用地評価になる、と考えられます。

なお、寺院の墓地として貸し付けられている土地について昭和47年3月30日の裁決例があります。

> 昭和9年以来、寺の墓地の用に供され、今後も引き続き墓地として永代使用させるものと推認されるので、その評価については相続税法第23条に規定する残存期間が50年をこえる地上権が設定されている土地の評価に準じて扱うのが相当であると認められる。

今回ご相談のケースはこの墓地のケースとは利用実態、位置関係等が異なり、そのまま同様に判断することはできないと考えます。

また、平成19年の裁決例は、評価対象地が建物敷地（建物の真下）として低額地代の授受がある場合について「特定かつ複数の者の通行の用に供されている私道」の評価に準じて自用地価額の30％で評価するのが妥当としていますので、これも併せて参考にしてください。

請求人は、神社の敷地として利用されている土地の評価に当たり、地域の住民からなる氏子から低額といえども賃料を受け取っているから賃貸借であり、また、他の用途に使用することが事実上不可能であり、処分可能性が低く、財産価値が認められない土地であるから、貸宅地としての評価額に5%を乗じた額を評価額とすべき旨主張する。しかしながら、当該土地の貸借は、賃貸借契約書等の書面は存在しないこと、権利金等の授受はされていないこと、「神社地代」名目で年間12,000円（月1,000円）の支払いがあること及び神社が移転したときの経緯からすると、使用貸借と解するのが一般的であるから、自用地として評価すべきであるが、①地域住民等の信仰の対象とされることによって事実上の使用制限を受けており、更地に復帰する可能性が低いことから、その使用制限に応じた何らかの減価を考慮するのが相当であることに加え、②現状及び将来の可能性並びに建造物の敷地の用に供されている点を併せ考えると、財産評価基本通達（以下「評価通達」という。）24-8に定める重要文化財に指定された建造物の敷地の用に供されている宅地に準じて、自用地としての価額の30%に相当する金額で評価するのが相当である。この点につき、原処分庁は、当該土地を評価通達24の「行き止まり私道」に準じて評価すべきである旨主張するが、当該土地が建造物の敷地の用に供されていることを考慮すると、その主張は採用できないものの、減額割合において差異はない。なお、仮に、請求人が主張するように当該土地の貸借が賃貸借であるとしても、借地権割合が50%であることから、自用地としての50%に相当する金額で評価するのが相当であり、使用貸借とした場合の評価額を上回り、また、貸宅地の評価額の5%とすべき合理的な根拠もないから、請求人の主張は採用できない。

（平19. 6. 22 関裁（諸）平18-72）

## 18-4 「埋蔵文化財包蔵地の試掘調査費の負担は事業者」と役所で言われた場合

**Q** 評価対象地は商業地域にある事務所ビルの敷地ですが、役所調査で「周知の埋蔵文化財包蔵地に該当する」と言われました。本格的な調査の前の試掘調査の費用は多くの場合、行政の負担ですが、この市は負担してくれないようです。このような場合、試掘調査費相当額の８割は評価上控除できますか？

**A** 一般的には埋蔵文化財の試掘調査費用は自治体が負担してくれますが、ご相談の自治体は試掘調査及び試掘調査後の本調査ともに費用負担は事業者、土地所有者のようです。

とはいえ、残念ながら評価上は試掘調査費を控除するのは妥当ではないと考えます。

老朽化した建物の解体費を評価上は控除できないのと同じです。もし仮に既に試掘調査を行って費用負担をした、という事実があれば控除できる可能性が多少はありますが、試掘調査が実際に行われていない段階では費用が発生していませんので減価要因とまではいえません。埋蔵文化財包蔵地は発掘調査が実際に行われ、調査費用を支払った、つまり減価要因が顕在化した段階もしくは本格的な調査費用が発生する可能性が高い場合にはじめて減価できると考えるのが妥当でしょう。

# 19 税理士を悩ませる「土地区画整理事業施行中の宅地」

## 19-1 土地区画整理事業施行区域内の個別評価

**Q** 評価対象地は土地区画整理事業施行区域内にあり、路線価図では「個別評価」と表示されています。個別評価申出書を提出して、回答書の単価（路線価）が異常に高い気がするのですが、これを使わないで鑑定評価額などで申告することは可能でしょうか？

**A** 個別評価申出書の回答と異なる評価方法を採用できるかどうかはグレーゾーンです。特定路線価は接続先道路の路線価を使えば、特定路線価を使わなくても評価できますので、「使わない」ことを考える余地がありますが、個別評価は使える単価（路線価）がそもそもありませんので、「使わない」ことを考える余地がありません。

よって個別評価の回答があればそれを使わざるを得ないということになります。

ただし、回答された評価方法、単価が時価よりも異常に高い場合は、鑑定評価すべき特段の事情がある、ということで鑑定評価による時価の採用も検討することになります。

したがいまして、個別評価の回答を得た後でも特段の事情があれば不動産鑑定評価の採用は可能と考えますが、是認されるかどうかは別問題です。そして特段の事情がなければ鑑定評価すべきといえません。過去の経験からは、個別評価の回答での評価が時価よりも異常に高くなるケースはそれほど多くないと感じます。

したがいまして、よほど個別評価の回答がおかしいという場合以外は個別評価の回答での評価に落ち着きます。

土地区画整理事業施行区域内は事業が決定された段階で地価が一段階上がり、更に事業が進むにつれ地価は上昇するのが一般的です。土地区画整理事業によって街並みがきれいに整備されますので、以前よりも地価は上がるということを念頭に個別評価の回答書の単価を確認ください。

# 20 税理士を悩ませる「建築基準法の規定」

## 20-1 土地評価に必要な建築基準法の知識とは

Q　土地評価にあたっては建築基準法の知識は不可欠と感じます。とはいえ、建築基準法は膨大な量があるので全部を見ることはできません。最低限知っておいた方がよい建築基準法の知識を教えてください。

A　相続・贈与の土地評価で最低限知っておいた方がよいと思われる建築基準法の規定は以下です。

- 建築基準法上の道路（第42条、43条）
- 接道義務（第43条）
- 一敷地一建築物の原則（建築基準法施行令第1条）
- 容積率の算定（第52条第2項、第7項ほか）
- 建ぺい率（第53条）

余裕のある方、上記はすでにマスターしている方は以下の規定も知っておくと大規模分譲マンション等の敷地の評価のときに評価単位や公開空地の判断がしやすくなります。

- 一団地の総合的設計制度（第86条第1項）
- 連担建築物設計制度（第86条第2項）
- 総合設計制度（第59条の2、建築基準法施行令第136条）

ちなみに筆者が、建築基準法の規定を調べるときに辞書代わりに使っているのが以下の専門書です。

「建築法規PRO　図解建築申請法規マニュアル（図解建築法規研究会／編集）」（第一法規）

「建築申請memo（建築申請実務研究会／編集）」（新日本法規）

毎年改訂版が発売されていますが、概ね5年に一度買い替えれば十分だと思います。両方とも図解されていて非常にわかりやすいと思いますので興味のある方は参考にしてみてください。

## 20-2 建築基準法第22条の指定区域内の土地の減価

**Q** 評価対象地が建築基準法第22条の指定区域内にあるのですが、何か減価につながりますか？ 地積規模の大きな宅地の評価は適用できますでしょうか？

**A** 結論からいいますと、「建築基準法第22条の指定区域」は減価要因にはなりません。また、建築基準法第22条の指定区域内の土地であっても地積規模の大きな宅地の評価は適用できます。

「建築基準法第22条の指定区域」というのは、建物の防火性能に関する規定のひとつです。中心市街地などの建物密集地域は建物の防火性能を高める必要がありますので、都市計画で防火地域、準防火地域が定められ、一定の建物防火性能（建築資材の耐火性能）が求められています。

ご質問の建築基準法第22条の指定区域は、防火地域、準防火地域以外の地域を補うために主に建物の屋根を不燃材で覆わなければならない規制が設けられています。防火地域、準防火地域以外の、建物の防火性能が求められていない地域であっても火災の発生源から強風にあおられて飛んでくる火の粉から屋根を守り延焼を防ごう、というのが規定の趣旨です。日本はどこでも建築基準法で一定の建物の防火性能が要求されますので、防火地域、準防火地域、建築基準法第22条の指定区域だけが特別に土地評価の減価につながる「建築規制」にはなりません。

また、地積規模の大きな宅地の評価は、以下が原則的な適用要件ですので、建築基準法第22条の指定区域を含む防火規制の区域は適用要件ではありません。

・地積（三大都市圏500㎡以上、それ以外1,000㎡以上）
・容積率（東京都の特別区は300％未満、それ以外は400％未満）
・地区区分（普通住宅地区、普通商業・併用住宅地区）
・市街化調整区域以外
・工業専用地域以外

なお、それほど人口密度の高くない地方都市によくみられる非線引き都市計画区域（市街化区域と市街化調整区域の線引きがない都市計画区域）では、防火地域、準防火地域を設定せず、建築基準法第22条の指定区域だけで緩く規制しているエリアもあります。

都市計画法、建築基準法の規制も減価につながるものとそうでないものがありますので、ひとつずつ確認してマスターしていきましょう。

## 20-3 外壁後退とは

**Q** 役所調査をしたら「外壁後退距離：道路側を除く敷地境界から1m」という制限がありました。これはセットバックとは異なるものですか？ 評価減はできるものでしょうか？

**A** 「外壁後退」は都市計画法の規定で第1種低層住居専用地域、第2種低層住居専用地域内に設けられる場合があります。

都市計画で外壁後退の設定が可能な地域では、建築基準法で建物外壁のラインを敷地境界から1m又は1.5m離すように定められます（建築基準法第54条）。

この外壁後退は建物を敷地境界から離して建ててください、という規定です。敷地は削られませんので、評価減できません。

これに対し、セットバックは4m未満の建築基準法第42条第2項の道路沿いの土地に生じるもので、建物を建てる際、または建て替える際に道路の中心から2mの範囲内の土地は道路として提供してください、という規定です。敷地が削られますので、評価減できます。

外壁後退は、敷地境界から離して建物を建てることでゆったりとした環境、街並みを維持することを目的としており、セットバックは、狭い道路の拡幅を目的としています。

まったく異なるものですので区別してご理解ください。

# 21 税理士を悩ませる「地積」

## 21-1 登記面積と固定資産税の課税面積が大きく異なる場合

**Q** 評価対象地は倍率地域にあり、登記面積は7,400㎡ですが、固定資産税の課税面積は5,200㎡です。固定資産税の課税面積の方が2,200㎡少ないのですが、理由はわかりません。

固定資産税評価額は29,120,000円（@5,600）、近傍標準宅地単価は@8,300、宅地の倍率は1.1の地域です。

A：固定資産税評価額29,120,000円×1.1＝32,032,000円

B：近傍標準宅地単価@8,300×1.1からスタートし、奥行0.80、不整形0.90、規模格差補正率0.69、地積7,400㎡で計算した結果33,559,000円

となり、低くなる方の固定資産税評価額29,120,000円×1.1＝32,032,000円を採用しても問題ないでしょうか？

**A** まずは、2,200㎡の差があるのはなぜなのかを役所で確認してください。その理由次第ではAを採用してよい場合もあるかもしれません。しかし、明確な根拠がなければ2,200㎡もの地積がゼロとは通常認められませんので、登記面積の7,400㎡で評価することになると思います。

ただし、航空写真や地図上で評価対象地の範囲を概測して実際に7,400㎡程度の地積なのか、大きな縄縮み（登記面積より実際の面積が小さいこと）がないか等確認してください。

ご相談のケースのような場合は、固定資産税評価額を使った方が低くなるからといって安易に固定資産税評価額を採用するのではなく、近傍標準宅地単価から評価をスタートさせる方がよいでしょう。固定資産税評価額の単価5,600円/㎡×7,400㎡＝41,440,000円と計算することも考えられますが、今回のケースでは過大評価となりますので採用しなくてよいでしょう。

## 21-2 登記地積900㎡と概測面積1,100㎡どちらを採用すればよいか

**Q** 登記面積は900㎡ですが、公図をJw_cad（ジェイダブリューキャド）に貼り付けて机上概測すると1,100㎡あります。縄伸びだと思いますが、900㎡と1,100㎡のどちらで評価すればよいでしょうか？

**A** 地積に関しては、きちんとした測量図があれば実測面積、そうでなければ登記面積を採用します。Jw_cad上での求積は実測ではありませんので採用すべきでないと考えます。評価にあたっては、登記面積にあわせてJw_cad上で評価対象地を伸び縮みさせて図面を作成すれば結構です。その際、図面上の間口距離が実際の間口距離とは異なる数値になるとは思いますが、これは仕方ないと割り切るしかないでしょう。

ただし、申告上は登記面積で行いますが、納税者には「縄伸びのため実測面積で修正の可能性がありその場合は税額がこのくらい異なります」という旨説明されておくことをお勧め致します。

# 22 税理士を悩ませる「計測機器、評価ツール」

## 22-1 土地評価に適した計測機器は

**Q** メジャーよりも長く測れるものを探していますが、種類が多くて選べません。お勧めのものはありますか？

**A** まず土地評価に適した計測器は、ロードメジャー（通称：コロコロ）よりも、レーザー距離計の方がよいと個人的には思います。直線距離40mまでの測定で三脚を使わないのであれば、BOSCH社製の低価格帯のものでもよいのではないかと思います。

コロコロは水平に測れませんし路面状況によって誤差がかなりでますので、あまりお勧めしません。

スマホとの連携をご希望であれば、Leica（ライカ）社製のDISTO-D1、DISTO-D2あたりがよいでしょう。

傾斜測定、ズームポイントファインダー（計測先のレーザーポイントを映像で確認できる画面）、200mまで計測可能という多くの機能が搭載されているものであればLeica DISTO-D510がよいでしょう。ズームポイントファインダーがあると非常に使いやすいと思います。

搭載機能で価格は変わりますし、どのような機能を使いたいかで選ぶ機種も変わると思いますので、測定可能距離、傾斜計の有無、ファインダーの有無、スマホとの連携の有無などで比較して選ぶとよいでしょう。

## 22-2 想定整形地の作成ソフト

そろそろ想定整形地をパソコン上で作成するソフトを導入しようと思っていますが、お勧めはありますか？

**A** 想定整形地を作成するとき、以前は2つの三角定規を使って描くのが一般的でしたが、現在はパソコン上での作成が主流になりつつあります。申告書に添付する図面としては手描きより見栄えがよいので早めに導入することをお勧めします。

実務では相続等システムベンダーが提供しているオプションソフトがよく利用されているようです。

具体的には、以下などです。

・ビービーシー（ｂｂｃ）「かげ地計算」
・エッサム「ゆりかご倶楽部　蔭地名人（かげちめいじん）」
・ＴＫＣ「蔭地計算オプション」
・ＮＴＴデータ「財産評価の達人　かげ地割合計算」
・東京アプレイザル「ＡＰ－ＣＡＤ」
・ゼンリン「ZENRIN GISパッケージ税理士」（概算評価額算出機能）

上記は有料ですが、Jw_cad（ジェイダブリューキャド）であれば無料でダウンロードして使うこともできます。それぞれ一長一短あると思いますし、すでに事務所で利用しているシステムがあればそのオプションでまずは導入してみるのがよいのではないかと思います。ビービーシーの「かげ地計算」は筆者が監修しており、機能が充実していて慣れれば使いやすいと思います。

ちなみに筆者は描画の機能に制約のあるベンダー提供のソフトではなく、自由度が高いJw_cadを使っています。操作はやや難しいですが、慣れると使い勝手が良いと感じます。

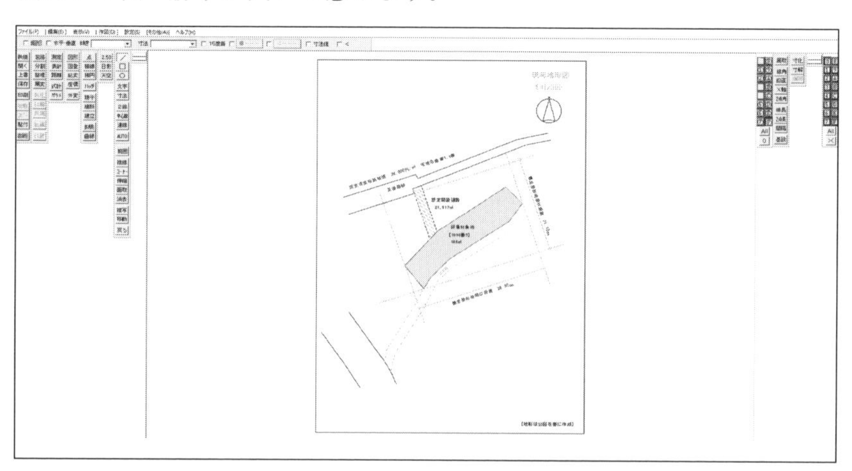

Jw_cadの画面

## Column　想定整形地作成ソフト一覧

### ビービーシー(bbc)　かげ地計算

（※相続管理システム標準機能となります。）

簡単に、角切、セットバック、無道路地、水路の介在する土地や側方路線影響加算率を計算し、印刷して、「土地の評価明細書」（第1表）の一部として活用できます。

二次元コードで製品情報ページをご覧いただけます（デモ動画も配信中！）。

以下、5社のソフト概要が掲載されているホームページ等の二次元コードを掲載しますので、適宜ご参照ください。

エッサム「ゆりかご倶楽部　蔭地名人（かげちめいじん）」

TKC「蔭地計算オプション」

NTTデータ「財産評価の達人　かげ地割合計算」

東京アプレイザル「AP-CAD」

ゼンリン「ZENRIN　GISパッケージ税理士」（概算評価額算出機能）

※本コラムは、各社からの情報提供をもとに作成しております。著者が執筆しているものではございません。

# 23 税理士を悩ませる「現地調査」

## 23-1 遠方の評価対象地の場所がわからない場合の現地調査

**Q** 評価対象地は地方の原野です。地番ではネット上の地図サービスで場所が特定できません。

おおよその場所は把握できますが、場所が特定できないため、道路付けや傾斜の具合がよくわかりません。場所を特定するには現地に行くしかないのでしょうか？

**A** 評価対象地の位置特定作業は、まずネット地図情報（googleマップ等）で確認します。ネット地図情報は主に郵便物が届く住居表示や地番での対応なので、建物が建っていない土地の地番ではピンポイントで場所が特定できない場合もあります。

その場合は「全国地価マップ」で確認します。建物が建っていない土地の地番でもある程度は場所が特定できます。「全国地価マップ」でも場所を特定できない場合は、「登記情報提供サービス」内の地番検索サービスを使えばネット上で確認できます。ゼンリンのブルーマップも有料ですが、ネット上で見ることもできます。ネット地図情報や「全国地価マップ」は、ログイン等は不要ですのでお手軽ですが、「登記情報提供サービス」は利用者登録やクレジットカード登録などが必要で、やや手間はかかります。ただし公図や航空写真も併せて検索すればピンポイントで正確に場所を特定できます。

また、公図（法第14条地図）の右上と左下の角に座標が書かれている場合は、国土地理院のホームページで座標値から緯度、経度を割り出せばgoogleマップ等の地図上でピンポイントに場所を特定できます。

なお、アナログ的な調べ方ではブルーマップを国会図書館で確認する方法があります。評価対象地の場所の特定はネット情報や地図情報、収集資料を基に最終的には現地調査で行うのがベターですが、どうしても現地調査を行うことができない事情がある場合は、少なくとも場所と物理的範囲は特定し、ネット上の情報を可能な限り収集して相続人にも現地の状況をヒアリングして減価漏れのないようにして評価しましょう。

## 23-2 現地調査時の写真の撮り方

現地調査のとき写真はどのように撮るのがよいでしょうか？ 撮り方のコツやポイントがあれば教えてください。

A まずは、利用状況、建物の用途及び高低差、接道状況の確認、そして評価対象地の上空の確認（高圧線の有無を確認し、高圧線があれば近くの鉄塔の足元まで行く）した後、できる限り多くの写真を撮っておきます。その際、評価対象地だけでなく周辺の左右上下も撮っておくとよいでしょう。

〈中間画地の場合の基本的な撮影ポイント〉

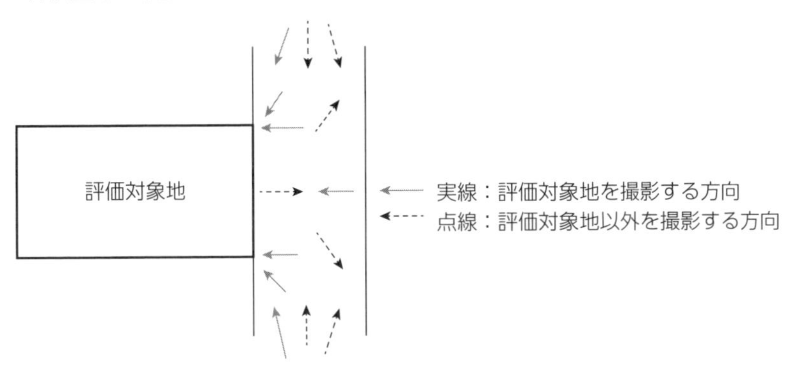


そして調査後、事務所に戻りパソコンのモニタ上で拡大して再度確認できるようにするため高画質で撮っておくことをお勧めします。

評価対象地上に建物がある場合、その建物が相続財産でなくとも必ず撮影しておきます。その際建物だけ撮影するのではなく、建物と土地と道路がどのような位置関係になっているかがわかるような位置から撮影しましょう。道路幅が狭くうまく一枚に収まらない場合は、複数枚撮るか、又は広角に撮れるレンズのモードで撮るのがよいでしょう。また道路の路面状況がわかるように道路だけ撮影しておく（写真①）と現地調査の後の役所調査で公道の範囲、建築基準法上の道路の範囲を確認できます。つまり写真①の中の３つの矢印のうち、どこが公道の範囲か、どこが建築基準法上の道路の範囲かを役所窓口で写真を示しながら確認することができます。

■写真①

また墓地が隣接することにより利用価値が著しく低下している宅地として評価する場合は、墓地だけを撮影（写真②）するのではなく、墓地とその向かいの評価対象地が1枚に収まるように（写真③）に撮影するのがよいでしょう。可能であれば墓地側から評価対象地を撮影する（写真④）のも位置関係がわかりやすいと思います。

■写真②

■写真③

■写真④

また、評価対象地の周辺に減価要因につながるような行政のお知らせ看板（写真⑤⑥）があれば撮影しておくと役所調査の時に役立ちます。現地調査時の写真撮影は評価対象地だけでなく広い視野をもって行うと良いでしょう。

■写真⑤

■写真⑥

「税理士を悩ませる相続・贈与の土地評価Ｑ＆Ａ　100選」
（令和４年８月30日発行）掲載事項一覧

## *1*　税理士を悩ませる「評価単位、地目判定」（1～14）



## *2*　税理士を悩ませる「宅地造成費」（15～25）

## 3 税理士を悩ませる「地積規模の大きな宅地の評価」(26～36)



## 4 税理士を悩ませる「私道」(37～44)

## *18* 税理士を悩ませる「雑種地」（95～96）

18-1 同族法人が山林を借りて造成して駐車場にしている場合の評価

18-2 都市計画区域外の雑種地の評価

## *19* 税理士を悩ませる「間口、奥行、想定整形地」（97～99）

19-1 坂道の途中にある駐車場の間口距離

19-2 2か所で道路に接する土地の間口距離

19-3 公図と現地の形がまったく異なる場合の想定整形地

## *20* 税理士を悩ませる「周知の埋蔵文化財包蔵地、庭内神しの敷地」（100～101）

20-1 周知の埋蔵文化財包蔵地の発掘調査費の見積

20-2 庭内神しの敷地の減価

## *21* 税理士を悩ませる「容積率の異なる2以上の地域にわたる宅地の評価」（102～103）

21-1 容積率の異なる2以上の地域にわたる宅地の評価で減額できるか①

21-2 容積率の異なる2以上の地域にわたる宅地の評価で減額できるか②

## *22* 税理士を悩ませる「土地区画整理事業施行中の宅地」（104）

22-1 土地区画整理事業施行中の宅地の評価時の留意点

## *23* 税理士を悩ませる「建築基準法の規定」（105～106）

23-1 建築協定は減価要因にならないのか

23-2 壁面線の指定は減価につながるか

◆執筆者プロフィール◆

**鎌倉　靖二** 不動産鑑定士
みらい総合鑑定株式会社 代表取締役

福岡市生まれ。修猷館高校、明治大学政経学部卒業後、大和ハウス工業株式会社を経て、相続・同族会社専門の不動産鑑定事務所として2010年創業。
現在、全国の税理士事務所、会計事務所向けに相続・贈与における土地評価の現地調査、役所調査、評価額算出、評価方針アドバイス、図面作成、セカンドオピニオン等を主に行う。
2018年、会員組織「税理士のための土地評価実務研究会」を立ち上げ、セミナー動画・個別質問回答・リアルタイム情報発信で土地評価の疑問解決とスキルアップの支援をしている。税理士会等でのセミナー研修、講演多数。
主な著書に『相続税ゼロの不動産対策』（共著、幻冬舎MC、2013年)、『相続税・贈与税 土地評価実務テキスト ～基礎から具体的な減価要因の見極め方まで～』（税務研究会出版局、2014年)、『20の厳選事例から判定スキルを身につける 広大地評価ケーススタディ』（中央経済社、2014年)、『税理士のSOSに答える 実例解説 土地評価の実務対応　減価要因の「見つけ方」「気付き方」』（清文社、2016年)、『税理士を悩ませる相続・贈与の土地評価Q&A 100選』（ぎょうせい、2022年）等。

**税理士を悩ませる　相続・贈与の土地評価Q&A　第2集**

令和5年12月18日　第1刷発行
令和6年10月21日　第3刷発行

著　者　　**鎌倉　靖二**

発　行　　株式会社ぎょうせい

〒136-8575　東京都江東区新木場1-18-11
URL：https://gyosei.jp

フリーコール　0120-953-431

ぎょうせい　お問い合わせ　検索　https://gyosei.jp/inquiry/

〈検印省略〉

印刷ぎょうせいデジタル㈱


ISBN978-4-324-11341-7
(5108909-00-000)
［略号：悩ませる土地評価2］